MARTIN SIMONS

BEIFANG

aufbau

MARTIN
SIMONS

BEIFANG

ROMAN

aufbau

MIX
Papier | Fördert
gute Waldnutzung
FSC® C083411

ISBN 978-3-351-03879-3

Aufbau ist eine Marke der Aufbau Verlage GmbH & Co. KG

1. Auflage 2022

Einbandgestaltung zero-media.net, München
Satz LVD GmbH, Berlin
Druck und Binden CPI books GmbH, Leck, Germany
Printed in Germany

www.aufbau-verlage.de

Vaterschaft ist eine Geschichte, selbst wenn man dies noch so sehr zu vermeiden sucht; eine Geschichte, die nicht nur anderen erzählt, sondern auch von anderen erzählt wird.

John Burnside

Für meinen Vater

BEIFANG

Was ungewollt ins Netz geraten ist, als Abfall zurückgelassen wird, stirbt – oder schwer verletzt überlebt.

1.

Inzwischen ging es mir schon gar nicht mehr um den Sex. Marie traf ich vor allem, damit ich schweigend mit ihr zusammenlag, versunken im Hier und Jetzt, mein Kopf nahe an ihrem Kopf, in der Strahlung eines fremden, für mich unzugänglichen Bewusstseins. In diese verwunschene Stille hinein schrillte jäh das Telefon.

»Viel zu tun?«

Wie gewöhnlich sprach mein Vater, ohne sich vorzustellen. Wie hätte er sich auch nennen sollen, Vater, Papa, Otto?

»War einiges los.«

»Wann kommst du vorbei?«

»In den Herbstferien, mit Vincent.«

»Du kannst ja auch vorher kommen.«

»Ja – aber warum?«

Ich sollte kommen, stellte sich heraus, um zu entscheiden, was von meinen seit Jahrzehnten auf ihrem Dachboden lagernden Dingen ich in meine Wohnung nehmen wollte, damit sie nicht auf dem Sperrmüll landeten. Meine Eltern hatten ihr Haus verkauft.

Als ich auflegte, bemerkte ich, dass Marie mich ansah.

»Alles in Ordnung?«

Ich machte eine unbestimmte Geste und stellte mich ans Fenster, aus dem der Blick auf eine – der Hinterhof war schmal – vielleicht zehn Meter entfernte, seit einigen Jahren glatt verputzte und hell gestrichene Brandwand ging. Sooft ich zum Fenster hinaussah, war es, als schaute ich in einen ewig wabernden Nebel. Anfangs hatte ich noch versucht, die Aussicht in diese gestaltlose Leere als meditativ zu empfinden und darin ein Geheimnis zu entdecken. Doch leider wurde mir, sooft ich länger aus dem Fenster sah, einfach bloß übel.

Ich legte mich wieder hin. Marie angelte nach dem Päckchen auf dem Nachttisch, und ich betrachtete die zarte Andeutung von Muskulatur unter ihrer glatten Haut. Sie steckte sich eine Zigarette in den Mund, ohne sie anzuzünden. Sie rauchte überhaupt nicht, sie hatte bloß Freude daran, so zu tun, wenn sie bei mir war. Sie probierte dann verschiedene Posen aus, imitierte Gesten aus Filmen oder bekannte Persönlichkeiten. Gerade hielt sie die Zigarette kraftlos zwischen Mittel- und Ringfinger, und ich sagte: *Michel Houellebecq*, woraufhin ihre Augen, ohne dass sich ihr Gesicht sonst veränderte, kurz aufstrahlten.

Ich verstand nicht gleich, warum mich die Nachricht vom Hausverkauf so traf. Eine frühere Freundin war von dem Verlust des von ihr stets als *Schlumpfhausen* bezeichneten Elternhauses in eine tatsächlich mittelschwere Krise gestürzt worden. Sie hatte Vater und Mutter den

Lebensabend auf einer Kanareninsel mit abwechselnd einem Tennisschläger und einem Glas Wein in der Hand durchaus gönnen wollen, doch war sie einfach nicht über den Verlust der Topographie ihrer Kindheit, die verräterisch knarrende Holztreppe, das kleine Guckloch in der Wand zum Zimmer ihrer großen Schwester, die geheime Süßigkeitenschublade in der Garage, die immer volle Vorratskammer mit dem fermentierten Gartengemüse und überhaupt all die Sedimentablagerungen der Kleinfamilienerinnerung, die nur eine Handvoll Menschen erfassen konnte, hinweggekommen. Ich war von ihrer starken, sich über Wochen hinziehenden Trauer so abgestoßen gewesen, dass ich sie schließlich nicht mehr hatte sehen können. Ich hatte in ihrer Anhänglichkeit an ein Haus das Zeichen für einen kleinlichen Egoismus gesehen, der in letzter Konsequenz für den Erhalt des eigenen bequemen Lebensglücks sozusagen über Leichen zu gehen bereit war.

Das war damals vielleicht etwas überspannt gewesen. Aber im Grunde dachte ich noch immer, dass mit solcher Art Sentimentalität etwas Böses begann. Ich jedenfalls war mit achtzehn voller Euphorie bei meinen Eltern ausgezogen und dann viele Jahre nur selten zu Besuch gewesen. Ich hatte ihr Haus nie auch nur eine Sekunde vermisst. Allerdings war für Vincent das in einer Bergarbeitersiedlung gelegene Zechenhaus der Großeltern mit dem vollgestopften Dachboden, dem unter einer Falltür gelegenen Kohlenkeller und dem an eine wilde Wiese angrenzenden Garten in den vergangenen zwölf Jahren zu seiner zweiten Heimat geworden.

Dort hatte er die Erfahrungen machen können, die weder bei seiner Mutter in München noch bei mir in Berlin möglich gewesen waren, hatte er Buden unter Bäumen gebaut, nach Regenwürmern gegraben, Gemüse angepflanzt und beim Ernten und Einkochen von Äpfeln, Birnen und Pflaumen geholfen. Das Großelternhaus war für ihn ein Sehnsuchtsort; nicht zuletzt deswegen, weil wir uns dort, vielleicht nur dort, meistens gut verstanden.

Ich wünschte, Vincent hätte seinem Kindheitsparadies langsam entwachsen können; wobei ich mich durchaus zu meinem Missvergnügen fragen musste, ob diesem Wunsch nicht die gleiche Haltung zugrunde lag, die ich damals meiner um ihr Elternhaus trauernden Freundin vorgeworfen hatte.

Vor der offenen Wohnungstür drückte mir Marie ihre Faust gegen die Brust und winkte im Gehen über die Schulter. Ich war zu abgelenkt, um ihre Unverbindlichkeit als aufgesetzt zu empfinden, und dachte, während ihre Schritte im Hausflur leiser wurden, dass ich die Entscheidung meiner Eltern letztlich nachvollziehen konnte. Mein Vater hatte sich vor zwei Jahren an einer undurchlässigen Halsschlagader operieren lassen müssen, meine Mutter litt schon wer weiß wie lange still an Rheuma. Haus und Garten wurden für beide zur Belastung. Es war im Grunde bewundernswert, dass sie sich frühzeitig dazu durchringen konnten, ihrem bisherigen Leben zu entsagen und in eine von ihrem bisherigen Haus nur zweihundert Meter entfernte, neu errichtete Anlage mit Eigentumswohnungen für Senioren umzuziehen, wo die Betreuung durch professionelle Kräfte ihrem möglichen Pflegebedarf angepasst werden konnte. Meine Schwester und ich würden uns jedenfalls später einmal nicht mit uneinsichtigen Eltern über die Unterbringung in einem Pflegeheim streiten müssen.

*

Die rote Kiste stand oben auf einem Sperrmüllhaufen. Im ersten Moment glaubte ich an ein Versehen und trug sie in die Garage, wo mein Vater Regale abmontierte.

»Willst du sie wegwerfen?«

»Sie stand dreißig Jahre nur im Schrank.«

Meine Eltern hatten verabredet, ausschließlich Dinge in ihre neue Wohnung mitzunehmen, die sie regelmäßig benutzten oder die ihnen wirklich etwas bedeuteten. Ich war irritiert, dass das Einzige, was mein Vater von seinem Vater geerbt hatte, nicht dazugehören sollte. Aber ich zögerte, das anzusprechen. Nicht bloß, weil wir miteinander nicht leicht über Gefühle redeten. Es erschien mir vermessen, ihm einen achtlosen Umgang mit einer schuhkartongroßen leeren Holzkiste vorzuwerfen, für die ich nie Interesse gezeigt hatte. Dabei gehörte der Moment vor beinahe dreißig Jahren, als mein Vater mir sein Erbe gezeigt hatte, zu meinen unvergesslichen Erinnerungen.

Damals, ich war vierzehn oder fünfzehn gewesen, hatte er mich an einem Nachmittag in sein sogenanntes Büro im Schuppen gerufen, das tatsächlich eine Art Aufbewahrungsraum für alles gewesen war, was er für zu kostbar gehalten hatte, um es einfach unserem verschwenderischen Zugriff zu überlassen – Briefmarken, Briefumschläge, Ersatzbatterien. Als ich eintrat, lehnte er steif an seinem vor allem von »Auto, Motor und Sport«-Heften bedeckten Schreibtisch, machte einen Schritt zur Seite und gab den Blick auf eine verschrammte Holzkiste mit rostigem Scharnier frei, die dafür gemacht schien, Schrauben und Nägel aufzunehmen.

»Die gehörte deinem Opa«, sagte er, klappte den Deckel auf und zu und sah mich, ganz kurz, aus ungeschützten Augen an.

Ich vermute, er hoffte, ich würde ihn etwas fragen. Aber ich war, daran kann ich mich gut erinnern, viel zu verdutzt, weil er das vertrauliche »Opa« für meinen Großvater verwendete. Ich war seinem Vater in den acht Jahren bis zu seinem Tod nur zwei oder drei Mal begegnet, obwohl er die ganze Zeit weniger als einen Kilometer Luftlinie entfernt von uns gewohnt hatte. Wünschte er, ich würde ihn Opa nennen?

Nach einer Weile rang ich mich doch zu einer Frage durch: »War sie schon leer?«

Mein Vater blickte abwechselnd mich und die Kiste an, nickte stumm und strich dabei auf eine Weise über das billige, schlecht gefügte, mit ochsenblutroter Dielenfarbe wie übergossene Holz, die selbst dem Teenager, der ich war, etwas von den Gefühlen vermittelte, die er für seinen Vater gehegt haben musste. Wir verharrten beide noch einen Moment unschlüssig vor seinem Erbe;

dann schüttelte mein Vater, fast unmerklich, den Kopf und verstaute die Kiste in einem Schrank.

In den kommenden Jahren hatte ich immer mal wieder darüber nachgedacht, ob mein Vater und ich damals die Chance, endlich über die Vergangenheit zu sprechen, leichtfertig vertan haben könnten. Doch gleichzeitig hatte ich immer angenommen, irgendwann schon zu erfahren, wie es wirklich für ihn gewesen war, im Elend einer engen Zechenhaushälfte mit elf Geschwistern groß zu werden, von denen ich die Hälfte nie kennengelernt hatte.

Als ich meinem Vater am Tag der Entrümpelung in der bald ausgeräumten Garage gegenüberstand, hielt ich diesen Moment für gekommen. Es konnte kein Zufall sein, dass die Kiste, unübersehbar, oben auf dem Haufen für die Müllabfuhr gelegen hatte.

»Ich habe immer gedacht, dass sie dir wichtig ist.«

»Wie kommst du darauf?«

»Weil du sie mir gezeigt hast, gleich nachdem Hilde sie vorbeigebracht hat.«

»Hilde, was hat die damit zu tun?«

Meine Tante Hilde hatte – ich weiß nicht, woher ich das zu wissen meinte, vermutlich hatte es mir mein Vater erzählt, und nun erzählte ich es ihm – nach dem Tod meines Großvaters dessen wenige Sachen unter Schock an sich genommen, in ihrer Garage untergebracht und dort vergessen – bis ihr der ganze Kram, darunter die rote Kiste, Jahre später beim Ausmisten wieder in die Hände geraten war. In meiner Vorstellung hatte sie mit sich gehadert, ob sie den einst betrunken ihr gegenüber so dahingesagten, also wahrscheinlich nicht einmal ernst gemeinten Letzten Willen ihres Vaters, dass ausgerechnet sein Sohn Otto, mein Vater, die Kiste einmal bekommen soll, einfach weiter ignorieren konnte oder sie den 300 Kilometer langen Hin- und Rückweg zu uns und die Kosten für das Benzin auf sich nehmen musste. Ich fand es bemerkenswert, dass die Kiste nicht schon damals auf dem Sperrmüll gelandet war.

»Daran erinnerst du dich?«

»Natürlich.«

»Ich überhaupt nicht.«

Ich verstummte. Erst nach einer Weile fragte ich: »Kann ich sie haben?«

Mein Vater antwortete nicht, bewegte aber seinen Kopf auf eine Weise, die ich als Kopfschütteln deutete. Ich gab auf, weiter zu ihm durchdringen zu wollen, und stellte die Kiste zurück auf den Sperrmüll.

*

Mein Vater wurde seit je einsilbig, sobald das Gespräch auf seine Kindheit kam. Fragte ich ihn direkt – vielleicht zu zaghaft, aber als Sohn fürchtete ich seine Schwäche –, schien ihm mein Interesse zu gefallen. Nur beantwortete er meine Fragen trotzdem nicht. Meistens behauptete er bloß, sich nicht erinnern zu können.

Aber manchmal, immer ungefragt, erinnerte er sich

doch. Dann erwähnte er seine chronischen Mittelohrentzündungen, an denen er seine Kindheit hindurch gelitten hatte, ohne sich weiter zu beklagen, nachdem seine Mutter gegen die Schmerzen mit heißem, langsam ins Ohr getröpfeltem Öl vorgegangen war. Oder er sprach von dem unvergesslichen Tag, an dem er, fassungslos beäugt von seinen Geschwistern, als Einziger eine Banane zu essen bekommen hatte, weil er vom Schularzt für gefährlich mangelernährt befunden worden war. Ganz selten erzählte er auch die Geschichte von seinem Blinddarmdurchbruch. Wie mein Großvater morgens von der Zeche nach Hause kam und seinen vor Schmerz brüllenden Sohn auf der Stange eines vom Nachbarn ausgeliehenen Fahrrads ins fünfzehn Kilometer entfernte Krankenhaus fuhr, ihn dort der Obhut der Schwestern und Ärzte überließ und erst eine Woche später, mit dem erneut ausgeborgten Rad, wieder nach Hause holte. Vor jedem Schlagloch ermahnte er den Vierjährigen, die Hand auch ja fest auf die frisch vernähte Narbe zu drücken.

Andere Geschichten als diese kannte ich von ihm nicht. Einmal behauptete mein Onkel Martin auf einer Geburtstagsfeier, mein Vater und er wären als kleine Jungen vom »Alten« mit einem Beil durchs Haus gejagt worden, nachdem sie das Pfand für einige Bierflaschen einkassiert hatten, um sich davon Schokolade zu kaufen. Dabei sei die Schneide des Beils nur um Millimeter am Ohr meines Vaters und seiner Stirn vorbeigesaust und habe die Küchentür gespalten.

Obwohl mein Vater gerade diesem Bruder, der zu wilden Phantastereien neigte, sonst so gut wie in allem widersprach, senkte er bloß den Blick und sagte leise, ein merkwürdiges Grinsen im Gesicht: »Ich erinnere mich nicht.«

Vielleicht erinnerte er sich tatsächlich nicht. Vielleicht schützte sich seine Psyche auch bloß mit einer Art Amnesie. Vielleicht war die Fassade des ungerührten Mannes für sein Selbstbild wichtig. In jedem Fall hatte ich von seinem Schweigen genug. Das Bild von der Kiste auf dem Sperrmüll wirkte in mir nach. Ich wollte endlich herausfinden, was sich in ihrer Leere verbarg. Bevor es zu spät war.

2.

Aber dann wurde es Frühling und Sommer, ohne dass ich etwas unternahm. Es änderte ja nichts, in der Vergangenheit zu wühlen, dachte ich, wenn ich mich um etwas kümmern sollte, dann doch wohl um mein gegenwärtiges Leben, das nicht gerade witzig war. Ein in Paris lebender, inzwischen wohl ehemaliger Freund hatte immer behauptet, die Franzosen wüssten in ihrer Seele, dass das Leben eine Scheiße sei; jedoch verstünden sie sich immerhin darauf, sich mit Essen, Trinken, Sex, ihrer weltweit gerühmten, vielleicht zum Klischee erstarrten, aber gleichwohl noch immer praktizierten Lebensart einigermaßen darüber hinwegzutrösten. Die Deutschen hingegen könnten die Zumutungen der Existenz nur durch Verklärung ertragen, durch Ideologien und Ideale, weshalb sie ja auch Hitler nachgekrochen seien in den Untergang.

Ich weiß nicht, vielleicht hatte er recht. Ich besaß weder Überzeugungen noch Lebenskunst und war, wenn ich Maries Spott glauben konnte, überhaupt unfähig, ein normales Leben zu führen.

Das war aber nicht immer so gewesen. Früher, ich erinnerte mich mit Staunen, war ich nach intensiven

Stunden am Schreibtisch stundenlang durch die Stadt gestreift, damals hatten mich offenbar noch Menschen und Begegnungen interessiert, ich hatte Tennis gespielt, Yoga- und Spanischstunden genommen, war Mitglied in dem Förderverein eines Museums gewesen und hatte mich sogar in einer Stadtteilinitiative engagiert, die geflüchteten Kindern beim Lernen helfen wollte – ohne Erfolg, glaube ich.

Mit all dem hatte ich nach und nach aufgehört. Heute konnte ich ganze Tage mit dem Mobiltelefonspiel *2048,* dem Aufräumen und Putzen meiner Wohnung und dem Anstarren meiner Zimmerdecke verbringen. Meine sogenannte Arbeit bestand seit einigen Jahren darin, als freier Texter Dialoge für Werbefilme zu schreiben, was ich an durchschnittlich 8,4 Tagen im Monat tat und ausreichte, um meine Rechnungen zu bezahlen. Wenn lebendig zu sein bedeutete, von Emotionen und Sensationen durchströmt zu werden, dann war ich eher tot. Es gab Schlimmeres, wusste ich.

Marie war seit dem Anruf meines Vaters sechs Wochen nicht mehr bei mir gewesen, weswegen es in gewisser Weise nur natürlich war, dass sie, als wir wieder Kopf an Kopf nebeneinanderlagen, auf den Verkauf meines Elternhauses zu sprechen kam. Ich erzählte von den wenigen Dingen, die ich vor dem Wegwerfen hatte bewahren wollen, zwei Fotoalben, den Spielzeugcolt und die Schallplatte mit den größten Hits von Dschingis Khan, zu denen meine Eltern und ich wie übergeschnappt durch unser winziges Wohnzimmer getobt waren. Beiläufig erwähnte ich auch die rote Kiste meines Großvaters, die auf dem Sperrmüll gelandet war.

»Kanntest du ihn denn?«

»Nicht wirklich. Ich habe ihn sicher zwei, drei Mal gesehen. Es gibt ein Bild von einer Geburtstagsfeier, auf dem er bei uns im Wohnzimmer sitzt. Ich erinnere mich an nur wenig.«

»Erzähl.«

Maries plötzliches Interesse an meiner Familie überraschte mich, bislang hatte sie dieses Thema gemieden.

Ich bewegte beim Nachdenken stumm die Lippen.

»Nun, ich sehe mich in ihrer kleinen Wohnung stehen. Ich bin fünf, vielleicht auch sechs. Aber auf jeden Fall noch kein Schulkind. Mein Großvater sitzt auf der Couch und schaut fern. Plötzlich hebt er sein Glas und fragt: *Schon mal probiert?* Im nächsten Moment habe ich sein Glas am Mund und schmecke das bittere Bier.«

»Ist das schon alles?«

»Ja, er schaute weiter fern, und mir lief das Bier übers Kinn. Jedenfalls in meiner Erinnerung.«

Marie gab sich noch nicht zufrieden. Ihre Anteilnahme war eine ziemliche Erleichterung. Ich spürte, wie eine gewisse Beklemmung von mir abfiel, und erzählte, leicht euphorisiert, alles, was ich von meinen Großeltern zu wissen glaubte. Von den ersten drei Kindern im Krieg und den neun weiteren danach, die sie bekommen hatten, obwohl sie nie in der Lage gewesen waren, sie auch nur mit dem Allernotwendigsten zu versorgen, mit Nahrung, Kleidung, einer ausreichend beheizten Wohnung.

»Von Aufmerksamkeit und Zuwendung braucht man da erst gar nicht zu reden. Mein Vater hatte auch im Winter nur eine kurze Lederhose anzuziehen und bei starkem Frost offene Wunden an den Beinen. An vielen Tagen gab es nichts zu essen außer ein einziges Brot, und das reichte nicht einmal fürs Frühstück. Und die Säuglinge wurden, statt mit Windeln, in Zeitungspapier gewickelt, man klaubte es aus den Mülltonnen der Nachbarn. Das war während der sogenannten Wirtschaftswunderzeit. Als die anderen Fernwärme und fließendes Wasser bekamen. Nur die Familie meines Vaters drängte sich auf den vielleicht 60 Quadratmeter ihrer Zechenhaushälfte zusammen. Und dort wurde es mit jedem Kind beengter. Es gab einen Ofen für das ganze Haus und statt eines Badezimmers die Wasserpumpe am Straßenrand und das Plumpsklo im Garten. In der Siedlung nannte man die Geschwister *Karnickel* und rief ihnen Sprüche hinterher. *Zimmermannblagen, Scheiße im Magen,* so etwas.«

Marie, die aus ganz anderen Verhältnissen kam, schwieg und hatte schimmernde Augen. Mich machte das seltsam stolz, aber worauf?

»Was haben sich deine Großeltern nur gedacht? So viele Kinder. Da war das Elend ja absehbar.«

»Keine Ahnung. Geistig zurückgeblieben waren sie wohl nicht. Rosa, meine Großmutter, hatte, das erzählen jedenfalls meine Onkel und Tanten, denen das aber natürlich auch schmeichelt, jahrelang das inoffizielle Amt der Siedlungsschreiberin inne. Sie verfasste im Tausch gegen Eier, Kartoffeln oder ein paar Streifen Speck für die Nachbarn Schreiben an Ämter und dergleichen. Und mein Großvater las wohl alles, was er nur in die Hände bekam, die Bibel und Marx am liebsten aber *Der Landser*-Heftromane. Angeblich konnte er noch jedermann in Grund und Boden diskutieren, und der Pfarrer beklagte oft, der Zimmermann könne reden wie ein dreiköpfiger Teufel.«

»Das macht es nur unerklärlicher.«

»Meinst du? Ich stelle mir vor, dass da einfach eine katholische Erziehung, der Mutterkult der Nazizeit und vor allem ein erstaunlicher, auch den widrigsten Umständen trotzender sexueller Appetit zusammenkamen.«

»Vielleicht teilten sie aber auch einfach eine Art Wahnsinn und haben sich wer weiß was von den Kindern versprochen.«

Ich spürte, jetzt war der Moment, von Winfrieds Beerdigung zu erzählen, und schilderte, wie mein Onkel Raffi mit einer Pistole beim Leichenschmaus aufgetaucht war, weil er von den Gerüchten gehört hatte, die Martin verbreitet hatte. Er wollte den Bruder zwingen, alle Behauptungen zurückzunehmen, was der großmäulige, aber vor allem feige Martin auch sicher getan hätte, wäre es ihm nicht zuvor in einem akrobatischen Wunderakt gelungen, durch das schießschartenenge Klofenster des Gasthofs zu türmen. Soweit ich wusste, und das sagte ich auch Marie, wurde

Martins Vorwurf danach nie eigentlich entkräftet oder auch bloß weiter diskutiert. Er stand bis heute unwidersprochen neben der Erzählung, mit der alle recht bald ihren Frieden gefunden hatten, dass Winfried die Gasexplosion selbst verursacht hatte – wahrscheinlich betrunken. Vielleicht hielten manche auch einen stümperhaften Selbstmord für möglich. Aber soweit ich wusste, gab niemand zu, Martins Unterstellung zu glauben, Raffi habe das Gas im Backofen absichtlich aufgedreht, nachdem der Streit mit seinem Vater, bei dem er gerade wieder einmal gewohnt hatte, immer weiter eskaliert war.

»Du meinst, keiner von euch weiß oder will wissen, ob dein Großvater vom eigenen Sohn … also.«

»Ja, so ungefähr.«

»So ungefähr?«

»Nun, so ist es.«

»Wie kannst du damit leben?«

Ich hatte mir diese Frage nie gestellt. Doch Maries Fassungslosigkeit gab mir zu denken. Ich hatte immer angenommen, dass in allen Familien über solche Dinge geschwiegen wurde.

»Was würdest du an meiner Stelle tun?«

»Ich weiß nicht. Irgendwas. Ich würde der Geschichte auf den Grund gehen. Meine Großmutter sagt immer: Alles, was nicht ins Bewusstsein steigt, kommt als Schicksal zurück.«

»Daran glaubst du?«

»Ich weiß, wie das klingt. Aber schau dich doch mal um!«

Wir beide ließen den Blick durch meine beinahe unmöblierte Wohnung streifen.

»Dass du so lebst, hat vielleicht einen Grund, meinst du nicht?«

»Bestimmt. Aber ich glaube nicht, dass der in meiner Familiengeschichte zu finden ist.«

»Warum nicht?«

»Sie hat für mich nie eine Rolle gespielt. Meine Eltern haben sich nicht mehr in mein Leben eingemischt, seit ich …«, ich überlegte, »eigentlich seitdem ich aufs Gymnasium gegangen bin. Ich war für sie in Sphären gelangt, wo sie sich nicht mehr auskannten.«

»Das ist dein Argument?«

»Ich weiß nicht, ob Schuld in diesem Zusammenhang der richtige Begriff ist. Aber wenn, dann bin ich an all dem hier ganz alleine schuld.«

»Dann machst du es dir zu einfach. Schon das, was du von dieser Kiste erzählst. Es ist nicht normal, dass man sein Erbe einfach in den Sperrmüll gibt und nicht mehr davon spricht.«

»Gut, aber …«

»Erwachsenwerden heißt eben auch zu wissen, was vor der eigenen Geburt geschehen ist.«

»Das ist auch so ein Spruch.«

»Aber er trifft einen Punkt.«

Es überraschte mich, dass Marie dem therapeutischen Denken zuneigte. Allerdings, fiel mir ein, dachten so inzwischen die allermeisten. Es würde mir besser gefallen, wenn sie sich, wie bislang auch, einfach über mich lustig machte.

Natürlich war es seltsam, dass ich die Wohnung eines Freundes, in der ich immerhin seit über zehn Jahren günstig zur Untermiete wohnte, unter dem fadenscheinigen Vorwand nie eingerichtet hatte, dass mein Freund sie ja zurück brauchte, sobald seine Ehe scheiterte und er vom Stadtrand zurück in die Stadt ziehen würde. Selbstverständlich war es komisch, dass ich mit Leuten zusammenarbeitete, die ich nur von E-Mails oder Telefonaten kannte, die mich auch nach Jahren noch für einen endzwanzigjährigen Freelancer auf Weltreise hielten, der zwischen zwei Anstellungen seine Reisekasse aufbesserte. Es war ohne Zweifel erbärmlich, dass ausgerechnet Marie meine engste Bezugsperson war, obwohl wir uns ja bloß alle vier bis sechs Wochen sahen und sie mit ihrem Mann und den zwei kleinen Kindern in Leipzig lebte. Und mir war sehr wohl bewusst, dass ich meinen eigenen Sohn nur zweimal im Jahr traf.

Aber all das hatte in meinen Augen nichts mit meinem Vater oder dessen Vater zu tun.

*

Einige Tage darauf rief ich meinen Vater an und fragte, ob er Bedenken habe, wenn ich Kontakt zu seinen Geschwistern aufnahm.

»Hast du sonst nichts zu tun?«

»Nein, gerade nicht.«

»Wenn's dir Spaß macht.«

»Mal sehen. Hast du die Telefonnummern?«

Er hatte überraschend viele. Von Martin und Alf,

den Brüdern meines Vaters, die mir am vertrautesten waren, von Isi und Hilde, seinen beiden ältesten Schwestern, aber auch von Kalle, Raffi und Gunter, die eher der verruchten Seite der Familie angehörten. Insgesamt war das, so schien mir, ein repräsentativer Querschnitt. Über diese Mischung ließ sich die Familie kennenlernen. Mittlerweile war ich der Meinung, das könnte für mich interessanter sein, als meine Sommerpause missmutig in Berlin zu vertrödeln.

Zuerst meldete ich mich bei Alf. Er erschien mir als der logische erste Schritt.

Alf war vergleichsweise sortiert, gutmütig und mochte mich. Er war mir von allen Geschwistern meines Vaters der nächste. Ich nahm an, er würde gerne von früher erzählen. Er neigte nicht oder nur kaum zum Lügen.

Obwohl ich Alf viele Jahre weder gesehen noch gesprochen hatte, lud er mich sogleich ein, ihn bei seinem Wohnwagen zu besuchen, der zu meiner Überraschung auf einem Platz für Dauercamper am Ternscher See, nur wenige hundert Meter außerhalb seiner Heimatstadt Selm stand, von der Beifang ein Ortsteil war. Da ließe sich über alles entspannt reden.

3.

Als ich auf der A2 Richtung Dortmund fuhr, musste ich an Alfs Honda Civic denken. Er hatte ihn Mitte der Achtziger auf damals monströse 220 PS hochgetunt. An einem Sonntag fuhr er mit meinem Vater und mir über die linke Spur der A45 von Hagen nach Lüdenscheid und zwinkerte uns aufgeregt zu, sooft ein BMW, Mercedes oder gar Porsche im Rückspiegel auftauchte. Die Fahrer solcher Wagen fassten den Kleinwagen auf der Überholspur regelmäßig als Affront auf, den sie mit hektisch betätigter Lichthupe und nahem Auffahren schleunigst aus dem Weg zu drängeln versuchten. Doch sobald solche Asphaltrowdys uns nahe genug gekommen waren, stieg Alf beinahe zärtlich aufs Gaspedal und jaulte mit meinem Vater laut vor Begeisterung auf, während die Drängler im Rückspiegel immer kleiner wurden.

Es war dasselbe Geheul wie an dem Nachmittag, als Alf mit meinem Vater und mir, ich kann damals kaum älter als sieben oder acht gewesen sein, im Hertie in Lünen herumgeschlendert war. Plötzlich hielt er eine kleine Glasampulle in der Hand, die er, nach einem Seitenblick auf meinen Vater, neben einem vielleicht zehnjährigen

Jungen auf den Boden fallen ließ. Alf und mein Vater sahen mit leuchtenden Augen, aber ansonsten unbeteiligt zu, wie sich die wütenden Verkäufer den Jungen schnappten und zu seiner Mutter zerrten, die die verzweifelten Beteuerungen ihres Sohns, er habe die Stinkbombe nicht geworfen, mit einigen schnellen Ohrfeigen zum Verstummen brachte. Alf und mein Vater schafften es nur mit Mühe, ohne aufzufallen, aus dem stinkenden Kaufhaus heraus, wo sie gleich vor dem Eingang in ein heulendes Gelächter ausbrachen. Ich sah die beiden an und wusste nicht, was ich denken sollte. Einerseits wäre ich gerne in ihr Lachen eingefallen. Nichts schien mir damals erstrebenswerter, als so wie sie zu sein, ungehemmt und wild. Nur gab es zwischen ihnen, den echten Zimmermännern, und mir, der ich mehr Ängste als Mut hatte, eine Kluft, die mir in dem Moment vor dem Hertie sehr bewusst war. Auch ich hatte es lustig gefunden, dass dem Jungen seine Arglosigkeit als besonders fiese Form der Verschlagenheit ausgelegt worden war. Aber ich kam nicht darüber hinweg, dass ihm Unrecht geschehen war.

Während ich weiter durch eine von Industrieparks zersiedelte, flache und belanglose Landschaft fuhr, gestand ich mir ein, dass ich meinem Vater solche Gemeinheiten nie zum Vorwurf gemacht hatte. Die Anekdote mit der Stinkbombe galt mir im Gegenteil immer bloß als Beweis, wie lebendig und wenig bürgerlich mein Vater und seine Brüder in jungen Jahren gewesen waren. Im Grunde hatte Alf für mich nie damit aufgehört, mit Elli und den noch kleinen Kindern, ohne Strom und fließend Wasser, in dem halbverfallenen Forsthaus mitten im Wald zu hausen und an alten Karren herumzuschrauben, die er entweder in Stockcar-Rennen zu Schrott fuhr oder an halbstarke Fahranfänger verkloppte, die zu viel *Mad Max* geschaut hatten.

Es waren Erinnerungen, mit denen ich mich gerne schmückte. Noch jeder neuen Freundin hatte ich irgendwann die Geschichte von Raffi an der Halfpipe erzählt, die damit begann, dass ich mir mit zehn unbedingt ein Skateboard wünschte, das mir mein Vater aber angesichts der Preise bei Berken nicht kaufen wollte. Stattdessen schraubte er die Rollen seiner alten Rollschuhe unter ein zuvor mit der Stichsäge grob in Form geschnittenes Brett und schickte mich mit einem *Das tut es auch* auf die Straße hinaus. Die Jungs mit den richtigen Skateboards sahen das allerdings anders. Als ich an der Halfpipe auftauchte, traten zwei Skater die Bastelei meines Vaters in Stücke und drohten, mir *die Fresse zu polieren*, sollte ich mich mit *sowas* noch einmal blicken lassen. Als ich verstört, mit den Überresten meines Boards in der Hand, nach Hause lief, kam ich an den Bänken beim Kriegerdenkmal vorbei, wo Raffi, wie so oft, mit einigen Saufkumpanen herumsaß. Als er erfuhr, was geschehen war, stürmten er und ein Kumpel sogleich los, wickelten unterwegs jeweils einen Hundehaufen in ein Stück Zeitung, packten sich die beiden Rädelsführer, zwei vielleicht vierzehnjährige Jungs, und schmierten ihre Gesichter, zum ungläubigen Staunen der Umstehenden und meinem Entsetzen, mit Scheiße ein.

Als Gymnasiast, der jeden Morgen in eine andere Stadt zur Schule fuhr, gehörte ich nach den Maßstäben der Siedlung den irgendwie besseren Kreisen an. Doch nach diesem Vorfall sprach sich herum, mit welcher Sippe ich verwandt war. Ich hatte danach nie wieder Ärger mit irgendwem in Beifang.

In gewisser Weise war ich stolz darauf gewesen, dass Raffi für mich eingestanden war. Auch ich war also ein Zimmermann. Wer mich angriff, bekam es mit allen anderen zu tun. Gleichzeitig aber stieß mich Raffi ab. Er stand für etwas Dunkles, Unberechenbares, Rohes – eben die andere Seite der Familie. Zwischen dieser und uns verlief eine Grenze. Mein Vater hatte sie vor vielen Jahren in die eine Richtung überschritten und uns anschließend die meiste Zeit von ihr ferngehalten. Auf der Fahrt zu Alf hatte ich das Gefühl, sie nun erstmals in die entgegengesetzte Richtung zu überqueren.

*

Alf wirkte irgendwie angestrengt. An guten Tagen konnte er eine ganze Gesellschaft mit seinen Geschichten fesseln. Doch wollte er diesmal, das meinte ich zu spüren, mehr als nur ein paar Anekdoten erzählen. Vermutlich hatte er nach meinem Anruf, wer weiß seit wie langer Zeit, wieder einmal an seine Eltern, seine Geschwister, ihre gemeinsame Vergangenheit denken müssen und war nun unsicher, wie er diesem Andenken gerecht werden konnte.

Sein spürbarer Verdruss mochte aber auch von der Situation am Grill herrühren. Als ich am späten Nachmittag am Ternscher See – bei dem es sich tatsächlich um eine mit Grundwasser vollgelaufene, in Beifang seit je nur *Baggerloch* genannte Lehmgrube handelte – angekommen war, hatte Alf, noch gutgelaunt, in einem Grill einen Haufen Holzkohle entzünden wollen. Doch kaum hatte er die erste Glut entfacht, war auch schon der Platzwart auf ihn zugestürmt und hatte jede Art von offenem Feuer aufgrund der extremen Waldbrandgefahr für streng verboten erklärt. Nun schubste Alf, von Elli in ihrem bequem wirkenden, mit Fußstütze und Flaschenhalter ausgestatteten Campingstuhl voller Mitgefühl und Sorge beäugt, die einmal nicht bei Penny, sondern zur Feier meines Kommens bei einem ordentlichen Metzger gekauften marinierten Putenschnitzel und Schweinenackensteaks auf einem kleinen Elektrogrill herum, wo sie, trotz maximaler Hitze, mehr gekocht als gebraten wurden.

Um ihn von diesem betrüblichen Vorgang ein wenig abzulenken, und auch, um meine eigene Anspannung abzuschütteln, fragte ich ihn, nachdem wir die erste Stunde über alles, nur nicht über Beifang gesprochen hatten, geradezu, wie das denn nun wirklich damals gewesen sei. Alf stutzte, wendete resigniert ein allmählich grau statt braun werdendes Stück Schwein, überlegte eine Weile und sagte: »Ich weiß nicht, ob ich dir vermitteln kann, wie schwierig das gewesen ist.«

Es fiel ihm tatsächlich schwer. Nach der eher allgemeinen Feststellung, dass das Leben der Eltern im Grunde nichts als der täglich mit aller Kraft geführte, schließlich aber verlorene Kampf gewesen sei, die Familie vor dem endgültigen Absturz zu bewahren, erfuhr ich von Alf, dass es in dem Zechenhaus vor allem laut und chaotisch zuging, man dort ständig hungrig und gereizt war und immerzu gerade irgendwo ein Streit explodierte. Er schilderte Räume voller Müll, wobei unklar blieb, was genau er damit eigentlich meinte.

»Wirklich Müll?«

»Ja.«

»Also richtiger Abfall?«

»Ja. So angeschlepptes Zeug eben.«

»Auf alten Fotos wirkt ihr Kinder immer so adrett.«

»Die sind ja auch schwarzweiß. Aber es stimmt. Mami hat für uns alle gestrickt, und Papi meinte immer, es ist egal, ob eine Hose alt oder geflickt ist, bloß gewaschen muss sie sein.«

Während wir die fetten Schweinenackensteaks und honigsüßen Putenschnitzel mit einem mayonnaiselastigen Nudelsalat und zu Dreiecken geschnittenen Toastbrotscheiben aßen, schilderte Alf meinen Großvater als einen wahren Hungerkünstler, der den langen Tag auf Zeche mit nur zwei *Margarine-Kniffte*n bestritt und abends die Not am Abendbrottisch mit Scherzen oder längeren Vorträgen über die Vorzüge des Heilfastens überspielte.

»Nur wenn bei Omma und Oppa geschlachtet wurde, jedenfalls solange wir uns dort noch sehen lassen konnten, hat er immer mehrere Schüsseln mit Möppkenbrot und Mett verschlungen, bis der Schwiegervater rief: Der Winnie frisst wie ein Buschneger nach der Elefantenjagd.«

Ich lächelte, was mir sogleich auffiel, weil es ganz ungewohnt war. Ich fühlte mich in der Gesellschaft von Elli und Alf wohl, was zweifellos auch an der Achtung lag, mit der sie mir begegneten. Vor allem Alf beeindruckte es noch immer, dass ich als erster Zimmermann überhaupt Abitur gemacht und auf eine Universität gegangen war. Ich trank den zuckrigen Eistee mit künstlichem Pfirsichgeschmack und lehnte mich in meinem Campingstuhl zurück. Nachdem das Essen gut gelaufen war, schien sich Alf zu entspannen. Er erzählte von allem, was ihm so durch den Kopf ging, und ich nahm mir vor, ihn möglichst nicht zu unterbrechen und höchstens einmal nachzufragen, falls sein Erzählfluss ins Stocken geriet. Marie hatte mich zwar gedrängt, den Tod meines Großvaters unbedingt anzusprechen. Aber ich wollte meinen Onkel keinem Verhör unterziehen.

Alf war offenbar in Gedanken gerade wieder im Zechenhaus, denn er sagte: »Es war bei uns zuhause so eng, das kann man sich heute gar nicht mehr vorstellen. Unten nur die Küche im ehemaligen Stall, das viel zu kleine Esszimmer und die gute Stube. Die war für uns Kinder natürlich absolut tabu. Die wurde nur für Besuch aufgeschlossen, der nie kam. Na gut, manchmal kam der

Pfarrer, wenn er neue Messdiener suchte. Der wusste ja, dass es sich der Papi mit ihm nicht verderben wollte, schließlich konnte man ihn in der größten Not immer um ein paar Mark angehen.

Oben gab es zwei winzige Zimmerchen, die mit Stockbetten zugestellt waren. Zwei Kinder je Matratze.«

»Und wo schliefen eure Eltern?«

»Die hatten ihr Schlafzimmer unten, in einer Art Alkoven. Hinter so einem Vorhang. Da hat man natürlich alles gehört, und wenn Papi Nachtschicht hatte und schlafen wollte, hat er sich immer einen von uns geschnappt und verdroschen, bis der schrie und alle mitschrien und danach endlich Ruhe war. In der Regel traf es Gunter. Später dann Raffi. Ich und dein Vater sind da meistens so durchgerutscht.«

Dennoch waren Schläge in Alfs Erzählung allgegenwärtig. Er erwähnte einen Lehrer, der die Mädchen bloß mit einem Lineal auf die Handflächen schlug, aber gegenüber den Jungen alle Hemmungen fallen ließ. Das Opfer musste in einem genau festgelegten Ritual zunächst den Rohrstock aus einem Schrank holen, diesen mit beiden Händen und gesenktem Blick dem Lehrer überreichen und anschließend stumm und mit heruntergelassenen Hosen über das Pult gelehnt darauf warten, dass es grün und blau geprügelt wurde.

»Wenn die Haut aufplatzte, geriet der Schweinehund erst richtig in Fahrt. Dann war der im Blutrausch und sprang vor jedem Schlag immer so ein Stück hoch, damit er auch ja weit genug ausholen konnte. Mich hat es zum Glück nie erwischt. Aber Martin und Raffi traf es ständig. Wenn die dann bedröppelt nach Hause kamen und sich nicht setzen wollten, weil ihnen der Arsch wehtat, dann fiel das natürlich auf, und sie haben es gleich nochmal gekriegt. Wird schon verdient sein, dachten die Eltern sich.«

Ich dachte daran, was das mit einem Kind machte, was es mit Alf gemacht hatte, dass er heute darüber sprach, als würden ihn diese Schläge nicht sonderlich angehen. Alf, der wahrscheinlich bemerkte, dass ich etwas schweigsam geworden war, versuchte, den in seinen Augen falschen Eindruck zu relativieren, sein Vater sei grausam gewesen.

»Meistens wurde Winfried von Rosa zum Prügeln verdammt. Die Mami war ja den ganzen Tag mit uns Kindern allein und schlug ständig auf uns ein. Nicht schlimm, eher so wie ein Zirkusdompteur die Peitsche schwingt. Aber wenn sie mal eine ernsthaftere Bestrafung für nötig hielt, drohte sie mit der Rückkehr des Vaters.«

Alf stellte es so dar, dass der überrumpelte Winfried dann nach der Arbeit wohl oder übel ein Gesetz vollstrecken musste, an das er, anders als Rosa, selbst gar nicht glaubte: dass ungehorsame Kinder gezüchtigt gehören. Im Gegensatz zu Rosa war Winfried, behauptete Alf, in seinem Erziehungsideal erstaunlich modern. Er war nicht der Meinung, dass Kinder von Natur aus böse waren und auf die rechte Bahn geprügelt gehörten. Vielmehr nahm er sie grundsätzlich als kompetente Wesen wahr, die man bloß mit gutem Beispiel ein wenig anleiten musste.

»Es fehlten ihm dazu nur die Kraft und Zeit. Und mit Mutti anlegen wollte er sich auch nicht. Also hat er heimlich demjenigen, der sie kriegen sollte, zugeflüstert, er solle einfach laut schreien. Er hat dann aber gar nicht zugeschlagen, sondern bloß laut in die eigenen Hände geklatscht.«

Ich blickte auf mein Telefon und bemerkte drei verpasste Anrufe meiner Schwester. Das war dermaßen ungewöhnlich, dass ich sogleich zurückrief. Während es klingelte, erwartete ich das Schlimmste.

»Na.«

»Ja, was gibt's?«

Meine Stimme krächzte.

»Pa meint, dass du Alf triffst.«

»Was?«

Ich verstand nicht. Das Blut rauschte laut in meinen Ohren.

»Musst du wirklich die Vergangenheit aufwühlen. Weißt du nicht, wie sehr sie das aufregt?«

Mein Puls beruhigte sich prompt. Niemand war gestorben. Andrea warf mir bloß vor, selbstbezogen und rücksichtslos zu sein, was mir wie ein schlechter Scherz vorkam. Fünfzehn Jahre lang hatte sie die Eltern mit ihrem unsteten Nomadenleben in Thailand, auf Bali und zuletzt Ibiza innerlich auf Zehenspitzen gehalten, weil sie sich eigentlich nur bei ihnen gemeldet hatte, wenn ihr mal wieder das Geld ausgegangen war oder sie ein Flugticket gebraucht hatte, um in Deutschland zum Arzt zu gehen. Doch seitdem sie in der Schweiz als Krankenpflegerin arbeitete und mit ihrem Verlobten Hans bei Lörrach ein Eigenheim gebaut hatte, neigte sie dazu, mir Ratschläge zu geben. Andrea war viereinhalb Jahre jünger als ich. Sie war immer das Sorgenkind gewesen. Sie schmückte ihr Heim mit Duftkerzen und Klangschalen, und auf Ausflügen in die Natur trugen Hans und sie Funktionskleidung im Partnerlook. Ich konnte sie einfach nicht ganz ernst nehmen.

»Unser Vater weiß Bescheid. Er hat mir ja mit den Telefonnummern und Adressen geholfen. Er ist einverstanden. Kannst ganz beruhigt sein.«

»Und Ma? Sie hat schlaflose Nächte.«

Ich musste lächeln. Meine Mutter hatte aus Sorge um meine vagabundierende Schwester sicher tausende Stunden wach gelegen. Mutter und Tochter hatten sich lange Zeit gegenseitig zerfetzt. Aber nun waren sie plötzlich so etwas wie beste Freundinnen, die zusammen in den Urlaub fuhren und täglich über Whatsapp Bilder und Nachrichten tauschten.

»Nun, sie ist ja Kummer gewohnt. Aber ich muss auflegen. Alf wartet.«

»Warte …«

»Ich melde mich.«

Ich stellte mein Telefon aus, schüttelte den Kopf, und kehrte zu Alf und Elli zurück.

»Was ist denn eigentlich an der Geschichte von Martin

dran, dass ihn euer Vater mit dem Beil durchs Haus gejagt hat?«

Alf dachte lange nach, bevor er sprach.

»Sowas kann schon vorgekommen sein. Papi war kein klassischer Säufer. Eher so eine Art Quartalstrinker, der, wenn er mal Geld in die Finger bekam, was selten genug der Fall war, die Kontrolle verlieren und bis zur Bewusstlosigkeit und vollgeschissenen Hosen saufen konnte. Ich erinnere mich an Abende, wo er polternd aus der Kneipe kam und wir Kinder, vom Lärm aufgeschreckt, aufgereiht wie die Orgelpfeifen auf der Treppe saßen und heimlich mit ansahen, wie er mit schwingenden Fäusten auf Mami zuging.«

Alf stutzte und blickte auf den See.

»Man muss das aber auch verstehen. Heute können wir uns ja den Stress, unter dem er damals stand, gar nicht mehr vorstellen. Auf der Arbeit war er praktisch der Arsch vom Dienst, und wenn er dann erschöpft und mit Schmacht bis zu den Kniekehlen nach Hause kam, herrschten Zankereien, Hunger, Chaos; und eine frustrierte, ständig an ihm herumnörgelnde Frau. Und dann war da auch noch Gunter. Es gibt ja so Kinder, an denen Eltern zerbrechen können.«

Mit diesem Onkel Gunter verband ich seit der Kindheit etwas Beunruhigendes. Sooft ich an ihn dachte, überkam mich ein diffuses Gefühl von Verlorenheit, wie man es manchmal empfindet, wenn man kurz vor dem Einschlafen wegen eines eingebildeten Sturzes zusammenzuckt. Unter den Geschwistern meines

Vaters hatte Gunter eine Sonderstellung, auch weil über ihn immer in einem ganz bestimmten Ton gesprochen wurde, der mit seinem Geschäft zusammenhing.

Eigentlich hatte Gunter, das hatte ich über die Jahre aufgeschnappt, in den 1970ern ein Kunstfilmkino in der Nähe des Dortmunder Hauptbahnhofs etablieren wollen. Er begeisterte sich vor allem für die Filme des sogenannten New Hollywood. Doch weil die Dortmunder seine Leidenschaft nicht teilten oder vielleicht auch bloß, weil sie die Lage seines Kinos in Steinwurfweite zur Linienstraße schreckte, wurde sein Programm schlecht angenommen. Gunter reagierte letztlich pragmatisch. Fortan zeigte er Pornofilme und erlaubte Frauen, die auf der Linienstraße wegen ihres Alters oder ihres Drogenkonsums nur noch wenig gefragt waren, gegen eine Gewinnbeteiligung durch die Saalreihen zu schleichen und den aufgegeilten Männern für ein paar Mark zur Hand zu gehen.

Von Alf erfuhr ich nun zum ersten Mal von Gunters frühen Jahren. Er war das dritte Kind meiner Großeltern und ihr erster Sohn. Das verschaffte ihm wohl eine lebenslange Sonderstellung. Laut Alf war er Rosas Liebling.

»Nur war er auch ein kleiner Teufel. Er konnte sie anlächeln und gleichzeitig den vollen Suppentopf vom Herd stoßen. Gunter hat ständig den größten Mist gebaut. Betten angezündet, das Plumpsklo zugenagelt, einen Wurf Katzenjungen in einen Sack gesteckt und über den Auspuff eines Mopeds zugebunden. Sowas.«

Eine Tat aber, erfuhr ich, stach heraus. Rosa hatte sich monatelang eine gespenstische Bedürfnislosigkeit auferlegt und von dem nie ausreichenden, durch die gelegentlichen Kneipenabstürze Winfrieds immer wieder empfindlich geschmälerten Zechenlohn durch eisernes Sparen so viel abgezwackt, dass sie mit zusätzlichen Bittgängen zur Verwandtschaft 200 Mark zusammengebracht hatte, was laut Alf wohl ungefähr Winfrieds Monatslohn entsprochen haben musste. Ihr Plan war, zusammen mit anderen Familien aus der Siedlung, jeweils ein Dutzend Zentner Kartoffeln zu einem Bruchteil des üblichen Ladenpreises direkt beim Bauern zu kaufen und im Keller einzulagern. Sie träumte von einem Jahr, in dem keines ihrer Kinder hungern musste.

»Tatsächlich wurden die Kartoffeln vom Bauern auch zu dem ausgehandelten Schnäppchenpreis geliefert. Nur konnte Mami ihm als Einzige keine abnehmen. Gunter hatte das Geld entdeckt und war mit seiner Beute auf Wanderschaft gegangen. Ich glaube, damals hat sie endgültig die Hoffnung drangegeben, dass es noch mal besser wird.«

Ich war überrascht zu hören, dass Gunter insgesamt drei Wochen *wanderte*, ohne weit gekommen zu sein. Nachdem er, wie Alf unterstellte, das Geld in Dortmund für Kino, Schnitzel im Restaurant und wohl auch für einen Puffbesuch verpulvert hatte, versteckte er sich die restliche Zeit in einem Heuschober, wenige hundert Meter außerhalb der Siedlung. Alf erschien im Rückblick vor allem bemerkenswert, dass Gunter die ganze Zeit über von den Geschwistern nicht nur gedeckt, sondern auch mit Essen versorgt worden war.

»Wir haben uns zwar ununterbrochen gezankt wie die Kesselflicker. Aber wenn es gegen die Erwachsenen ging, hielten wir zusammen.«

»Aber waren eure Eltern nicht außer sich vor Sorge? Ein Kind, das weg ist, was Schlimmeres gibt es doch nicht.«

»Nein, Gunter ist ja dauernd stiften gegangen. Da hat man kein Aufheben gemacht.«

»Haben sie ihn nicht gesucht?«

»Schon. Aber vor allem, um ihn verdreschen zu können.«

Ich musste unwillkürlich lachen.

»Ja, das kann man sich heute gar nicht mehr vorstellen.«

Gleichwohl versuchte Alf, mir ein Bild von den damaligen Sitten zu vermitteln. Er schilderte, wie Winfried, sobald er den geheimen Essenslieferungen in den Heuschober auf die Schliche gekommen war, dafür sorgte, dass sich Gunters Aufenthaltsort wie ein Lauffeuer in der Kolonie herumsprach. Allen war klar, was nun folgte. Schon bald setzte sich eine Menge, mit Winfried an der Spitze, Richtung Heuschober in Bewegung. Gunter sah vermutlich von weitem, was da auf ihn zukam. Trotzdem rührte er sich nicht vom Fleck. Er hatte es, so Alf, wohl satt, weiter auf das Unvermeidliche zu warten.

»Die Zuschauer bildeten dann so einen Kreis. Ganz vorne standen wir Kinder, uns sollte ja, was kommt, eine Lehre sein. Papi schlug mit einem Stock – so lange und so fest er nur konnte. Er schlug, bis ihm der Arm schwer wurde und er eine Pause einlegen musste, um erstmal eine Zigarette zu rauchen, die ihm ein Nachbar zugesteckt hatte.«

»Und Gunter?«

»Lag, ohne einen Laut von sich zu geben, im eigenen Blut auf dem gemähten Feld. Ich weiß noch, dass der Staub des Weizens im Sonnenlicht zu sehen war. Wie im Märchen, irgendwie unwirklich. Gunter verbrachte danach drei Wochen im Bett. Doch sobald seine Prellungen und Wunden halbwegs geheilt waren, machte er weiter wie zuvor. Der Kerl war blitzgescheit, hat in der Schule sogar zwei Mal eine Klasse übersprungen. Aber er war unbelehrbar.«

Ich überlegte, ob es mich überraschte, was ich über Winfrieds Brutalität erfuhr. Aber im Grunde nahm ich es hin, wie etwas, das ich seit je gewusst hatte. Zu einem Geburtstag hatte ich meinem Vater Frank McCourts autobiografischen Roman *Die Asche meiner Mutter* geschenkt. Ich bin nicht sicher, ob ich damals irgendwelche Hintergedanken hatte; zumindest unbewusst werde ich das darin geschilderte Aufwachsen McCourts in niederschmetternder Armut mit einem faulen, ewig betrunkenen Vater und einer frommen, doch vom Schicksal gebrochenen Mutter, die nicht in der Lage waren, ihre Kinder vor Nässe, Kälte, Krankheiten, grapschenden Priestern und sadistischen Lehrern zu behüten, mit seinem Aufwachsen in Zusammenhang gebracht haben. Jedenfalls fragte ich meinen Vater später, wie ihm das Buch gefallen habe, und bekam zur Antwort: »Bei uns war es schlimmer.«

Ich hatte mir sowieso immer das Schlimmste vorgestellt.

Plötzlich hörte ich ein lautes Piepsen und sah im nächsten Moment das rückwärts einparkende Riesenwohnmobil. Alf war sogleich alarmiert, weil der leere Stellplatz nebenan, bis sich für ihn ein dauerhafter Pächter gefunden hatte, auch durchreisenden Campern offenstand. Bei solchen musste man Alf zufolge immer mit völliger Ignoranz gegenüber der Platzordnung rechnen.

»Du kannst dir nicht vorstellen, was wir schon alles durchzustehen hatten, besoffenes Gegröle und Bum-Bum bis zum Morgengrauen.«

Wir schauten alle gespannt, wer die neuen Nachbarn waren. Als wir russische Wortfetzen hörten, wurde Alf blass.

»Spätaussiedler. Das sind die Schlimmsten!«

Elli, die bis dahin mehr oder weniger still zugehört und ihren Eistee geschlürft hatte, legte eine beruhigende Hand auf Alfs Arm und nutzte seine Entgeisterung, um etwas richtigzustellen: »Aber es war nicht bloß schrecklich. Als junges Mädchen war für mich euer Haus der freieste und der lebendigste Ort überhaupt.«

Ich schaute meine Tante überrascht an.

»Warum das?«

»Da war halt immer was los. Gunter hat auf dem Dachboden versaute Filme gegen 15 Pfennig Eintritt gezeigt. Auch hatte er irgendwo einen Plattenspieler aufgetrieben, um den sich die jungen Leute aus der Nachbarschaft scharten. Sie durften im Wohnzimmer sitzen und die neuste Musik hören, solange sie nur genügend Limo für 5 oder 10 Pfennig das Glas tranken. Deine Großeltern saßen meistens dabei, und Winnie hat seine Rosa immer ganz verliebt angeguckt. Er hat sie sogar spontan abgeküsst. Sowas kannte ich von meinen Eltern nicht; eigentlich von niemandem, der verheiratet war.«

Alf gelang es, sich von den Vorgängen auf dem Nachbarstellplatz loszureißen, und erzählte, dass Winfried immer mächtig stolz auf die Eroberung von Rosa gewesen war, selbst dann noch, als Rosa schon voller Krebs und ansonsten kaum mehr als Haut und Knochen gewesen war.

»*Meine Katharine Hepburn* hat er sie in guten Momenten genannt. Er hat sie während seiner Stationierung in Dortmund-Brackel kennengelernt. Im Krieg. Sie wurde da gerade zur Krankenschwester ausgebildet. *Die oder keine!*, behauptete er gerufen zu haben, als er sie in ihrer weißen Tracht das erste Mal gesehen hat, und will dann auch gleich mit einem Kameraden darauf gewettet haben, dass er sie bekommen wird. Papi hat unsere Mutter wirklich verehrt. Dennoch war er ihr gegenüber rücksichtslos. Ich meine, was für ein Leben er ihr zugemutet hat, die vielen Kinder, diese Aussichtslosigkeit.«

Elli stieß spöttisch Luft aus. »Und dafür hat sie ihn bezahlen lassen.«

Alf nickte nachdenklich.

»Ich sehe noch vor mir, wie Papi in späteren Jahren mit angezogenen Knien und eingezogenem Kopf auf der Bank vor dem Haus kauerte und kaum aufzuschauen wagte, während Mami ihn niedermachte, so laut, dass ihr Schimpfen noch drei Gärten weiter zu hören war. Papi war da bloß noch ein Häufchen Elend. Längst zu schwach für Widerspruch. Zu der Zeit ungefähr zog ich auch zuhause aus.«

»Wie alt warst du?«

»Sechzehn.«

»Er zog aber bloß zwei Häuser weiter. Zu mir.«

»Ja, vorübergehend. Wir haben uns dann ja mit unserem Lehrgeld ein Zimmer über Knipping genommen, über der Kneipe. Aber zuhause war es einfach nicht mehr auszuhalten. Die Eltern hatten aufgegeben. Früher hatte Papi manchmal noch für Schwung gesorgt. Dann konnte er uns zusammentrommeln und aufrüttelnde Reden halten. Von der Art: Wenn wir uns nur jetzt zusammenraufen, können wir es rumreißen. Also für zwei Pfennige das Pfund Pflanzkartoffeln kaufen und den Garten umgraben und dann den Winter über knusprige Bratkartoffeln kauen. Sowas. Es war letztlich heiße Luft. Aber es gab uns Hoffnung. Später gab es selbst die nicht mehr.«

Auch weil Alf mit seinem Auszug, wie er eingestand, ein Muster wiederholte, unter dem er selbst gelitten hatte. Wann immer die älteren Schwestern einen neuen Freund zu Hause präsentiert hatten, war kurz so etwas wie Hoffnung unter den kleineren Geschwistern aufgeflammt. Die jungen Männer brachten vielleicht ein Brot, eine Süßigkeit oder auch bloß ein Lachen mit ins Haus, und kurz wurde es denkbar, dass sich die Dinge doch noch wendeten – doch dann zogen bloß die Schwestern von zuhause aus und ein vermeintlicher Gewinn entpuppte sich als Teil des Niedergangs.

Elli hatte das Bedürfnis, etwas klarzustellen: »Aber es gab damals auch einen ganz anderen Zusammenhalt. Die Häuser waren eng und man hatte nichts. Keine Waschmaschine, keinen Fernseher. Aber es gab auch keine Zäune, und wir Kinder waren frei. Alle saßen immer irgendwo zusammen, und wenn Not am Mann war, half man sich gegenseitig aus.«

»Vielleicht, als alle noch gleich wenig hatten«, warf Alf ein, »kurz nach dem Krieg. Aber später? Uns jedenfalls half niemand.«

Im Gegenteil erinnerte sich Alf an den Tag, als der dicke Pfarrer, der seine Messdiener immer auf den Schoß nahm und später wegen der lauter werdenden Gerüchte nach Äthiopien versetzt wurde, zu ihnen in die Klasse kam, um Zigarre rauchend einen quälend langen Vortrag über das Leid der hungernden Kinder in Afrika zu halten.

»Im Anschluss ließ er solche Spendenschächtelchen

für Misereor verteilen. Als er eine Woche später wiederkam und feststellte, dass meine leer war, richtete er sich schwer schnaufend auf, schüttelte die Schachtel nahe an seinem Ohr und rief: *Hört ihr das? So viel sind Alfred die armen Kinder in Afrika wert.* Wir waren seine Messdiener. Der wusste, wie es bei uns zuhause aussah. Auch die Lehrerin kannte unsere Lage. Sie hat trotzdem nichts gesagt und die Klasse lachen lassen.«

Ebendiese Lehrerin war es auch, mit der Alf eine besonders bittere Erinnerung verband. Jedes Jahr im Advent lud sie ihre Schüler zu sich nach Hause ein, um bei Keksen und Kakao Weihnachtsbaumschmuck zu basteln. Nur zu Alf meinte sie: »Ich kenne euch, ihr bringt sowieso nichts mit. Da bleibst du besser gleich zuhause.«

»Ich bin dann trotzdem heimlich hin und habe mir an der Scheibe die Nase plattgedrückt. Drinnen brannten Kerzen, es war geschmückt und es lief Musik. So etwas kannte ich ja nicht. Für mich war das noch Jahre später der Inbegriff von Weihnachten.«

Die neuen Nachbarn hatten sich inzwischen soweit installiert, dass sie ans Abendessen denken konnten. Der Mann schüttelte einen Beutel Grillbriketts über einen Kesselgrill und übergoss sie anschließend großzügig mit Brennspiritus. Die Flammen schlugen bis zu den Ästen einer Eiche hoch, an der, wie mir jetzt erst auffiel, ein gelbrotes Plastikband flatterte, das vor Eichenprozessionsspinnern warnte. Ich hatte auf die im Wind treibenden Brennhaare dieser Insekten im letzten Jahr mit einem über Wochen juckenden Ausschlag an den Armen reagiert und hätte gerne gewusst, wie akut der Befall war. Doch mit Alf war darüber nicht zu reden, er war viel zu sehr von dem Grillfeuer abgelenkt, das niemanden, außer eben ihn, zu bekümmern schien, obwohl Schwärme glühender Funken zwischen den trockenen Baumkronen stoben.

Es lag nahe, unsere Nachbarn auf die Waldbrandgefahr hinzuweisen. Sie reisten in einem gepflegt wirkenden Wohnmobil, sie waren mutmaßlich verständige Leute. Doch Alf fand meinen Vorschlag abwegig.

»Wenn du so einem Kerl mit der Platzordnung kommst, legt der bloß Kohle nach und dreht die Musik laut. Und dann hättest du noch Glück gehabt.«

Alf warf einen finsteren Blick hinüber zu dem Mann am Grill, dessen eng sitzendes T-Shirt Bierbrüste und Bauchansatz, aber wenig Muskelmasse erkennen ließ. Allein sein kantiger Kurzhaarschnitt wirkte vage martialisch. Alfs Scheu vor einer direkten Konfrontation hielt ihn freilich nicht davon ab, mehrmals die Mobilnummer des Platzwartes zu wählen, der allerdings nicht abnahm.

Ich verstand, dass Alf sich ärgerte. Er hatte sein teures Grillgut aus Rücksicht auf Regeln, die sein Nachbar ignorierte, verdorben. Dennoch vermutete ich, dass sein Groll tatsächlich tiefer ging. Der Mann am Grill nebenan rührte durch seine russische Herkunft bei Alf an einem wunden Punkt.

Alf hatte über dreißig Jahre lang bei RWE als Schlosser im Schichtbetrieb gearbeitet. Ab Mitte der 1990er wurden dort, das weiß ich, weil es zwischen Alf und meinem Vater zu der Zeit ein großes Thema war, bei RWE viele sogenannte Spätaussiedler aus Russland eingestellt. Diese verstanden es, nach und nach auch ihre Verwandten und Bekannten im Betrieb unterzubringen. Die Neuen, so empfanden es die alteingesessenen Kollegen, zeigten für die hergebrachten Bräuche und Regeln wenig Respekt. Viele liebgewonnene Privilegien gingen verloren. So wurde die Materialausgabe, die stillschweigend so manches Heimwerkerprojekt ermöglicht hatte, angesichts eines verdächtig gestiegenen Verschleißes von Werkzeugen fortan streng überwacht, und die bislang mehr oder weniger als Gewohnheitsrecht geduldete eigenverantwortliche Einteilung der Arbeit wurde wegen sich häufender Klagen über Pfuschereien abgeschafft. Es gab in der Belegschaft deswegen ständig Reibereien. Alf hatte das sich stetig verschlechternde Betriebsklima irgendwann so satt, dass er, trotz empfindlicher finanzieller Einbußen, im Rahmen eines großangelegten Stellenabbaus mit siebenundfünfzig vorzeitig in den Ruhestand gegangen war. Seitdem hockten Elli und er mit kleiner Rente in ihrer noch kleineren Hohensyburger Mietwohnung und konnten sich nicht einmal mehr ihre geliebten Wohnwagenfahrten an die Adria leisten. Nahm man Alfs dünnhäutige Reaktion auf seinen Platznachbarn zum Maßstab, war der Campingplatz am Ternscher See, wo sie von Anfang Mai bis Ende September so viele Tage wie nur möglich verbrachten, für die Schönheit Italiens kein gleichwertiger Ersatz.

Zwar gab sich Alf Mühe, einigermaßen gelassen zu wirken; doch seine glühenden Ohren und zuckende Halsschlagader verrieten einen inneren Aufruhr, der für sein von Bluthochdruck geplagtes Herz kaum gut sein konnte. Das beunruhigte mich. Immer öfter blickte auch ich hinüber zu dem Mann, dessen enges, mit einem Hundekopf großflächig bedrucktes T-Shirt mich allmählich ebenfalls gegen ihn aufbrachte. Als er dann auch noch fröhlich zu pfeifen anfing, hielt ich es nicht mehr aus. Ich ging zu ihm und klärte ihn über die Gefahr eines Waldbrands auf. Der Mann ließ sogleich eine Packung mit eingeschweißten Thüringer Würsten sinken, murmelte eine Entschuldigung und machte Anstalten, einen Eimer mit Sand zum Ersticken der Glut zu befüllen. Da trat Alf mit einem auf mich aufgesetzt wirkenden, aber tatsächlich wohl sehr einnehmenden Lächeln hinzu, machte einige Scherze, lobte die von weißem Staub überzogenen Grillbriketts und fachsimpelte über die Vorzüge eines Weber-Grills. Das Verbot von offenem Feuer erwähnte er mit keinem Wort. Der Nachbar ließ sich nur allzu gerne auf diese Unterhaltung ein und ließ den Sandeimer wieder sinken. Und ich war als eine Art hysterischer Regelfanatiker mit einer irrationalen Feuerphobie bloßgestellt. Alfs Freundlichkeit war derart überzeugend, dass der – wie sich herausstellte – tatsächlich ursprünglich aus Georgien stammende Mann uns erst entließ, nachdem wir versprochen hatten, ihm zwei seiner nach altem Familienrezept zubereiteten Hammelfleischspieße abzunehmen.

Alfs Verhalten empfand ich als Lektion. Er hatte seine kleinlichen Ressentiments zurückgestellt, um in guter Ruhrpotttradition einen Nachbarn mit offenen Armen zu begrüßen. Doch sobald wir uns wieder einigermaßen außer Hörweite befanden, beklagte sich Alf zu meiner Verblüffung weiter über die ganz typische Rücksichtslosigkeit *dieser Leute.* Für ihn gab es da offenbar einen Zusammenhang: der georgische Camping-Nachbar und die aus Rumänien stammenden Nachbarn in seinem Haus, die zwar für die betagte Oma ein hohes Pflegegeld vom deutschen Staat kassierten, diese aber, sooft ein Heimatbesuch anstand, vom Rettungswagen ins örtliche Krankenhaus einliefern ließen, damit sie in ihrer Abwesenheit auf Kosten der Krankenkasse gut versorgt war. Die Alte spielte bei dieser Farce routiniert mit und klagte gegenüber dem Notarzt mit zitternder Stimme über unbestimmte Herzbeschwerden.

»Na gut. Vielleicht sind wir einfach zu blöd und halten uns an Regeln, die ansonsten keiner ernst nimmt.«

Alf verstummte und schien den Verwerfungen im Sozialstaat nachzusinnen. Doch dann gab er sich einen Ruck und begann, recht unvermittelt und zu meiner Überraschung, von Winfrieds Zeit in der Wehrmacht zu erzählen.

*

Ich hatte es mir, fiel mir im Gespräch mit Alf und Elli wieder einmal auf, immer einfach gemacht und allen Wehrmachtssoldaten, also auch Winfried, mehr oder weniger selbstverständlich eine gewisse Verstrickung in die Kriegsverbrechen der Nazizeit unterstellt. Wahrscheinlich auch, weil ich Mitte der 1990er zufällig in die damals tourende Verbrechen-der-Wehrmacht-Ausstellung geraten und dadurch in der konventionellen Sicht meiner Generation bestätigt worden war, dass alle Soldaten Mörder waren.

Dabei wusste ich so gut wie nichts über die Beteiligung meines Großvaters am Krieg, außer eben, dass er von Anfang bis Ende dabei und wohl auch in Russland gewesen war. Für mich – aufgewachsen mit Hollywoodfilmen, unterrichtet von Altachtundsechzigern – hatte das ausreichend verdächtig geklungen. Ich hatte mir ihn als grau gekleideten, ausgemergelten, mit verächtlicher, aber doch auch entschlossener Miene selbst unsinnigen Befehlen folgenden deutschen Landser vorgestellt, der in seiner schmalen Drahtigkeit Ernst Jünger ähnlich sah.

Im Gespräch mit Alf verkomplizierte sich dieses Bild. Dabei war auch er erstaunlich schlecht über die Kriegszeit seines Vaters informiert. Alf wusste nicht einmal, in welcher Funktion und in welcher Einheit Winfried gekämpft hatte. Er wandte sich an Elli: »Erinnerst du dich an das Foto von Papi in Uniform, das früher bei uns hing? Die saß so eng, richtig schick, mit so Buchstaben am Kragen. Könnte SS gewesen sein.«

»Glaubst du? War er nicht bei den Fallschirmspringern?«

Elli und Alf diskutierten Winfrieds mögliche Vergangenheit in der SS so unbekümmert, als ginge es darum, sich in Erinnerung zu rufen, welche Biersorte er gerne getrunken hatte. Ich verfolgte interessiert, wie ihre Mutmaßungen hin und her gingen. Doch die Sache ließ sich nicht klären, und Alf befand: »Wie auch immer. Das Bild muss es noch geben. Wahrscheinlich hat es Gunter. Der hat ja beim Umzug der Eltern vom Bockmühlenweg auf die Kreisstraße das meiste mitgenommen.«

»Warum ist euer Vater eigentlich so früh in die Wehrmacht? Wie alt war er, sechzehn, siebzehn?«

»Er muss wohl achtzehn gewesen sein. Oder sechzehn? Nun, er hatte wohl keine richtige Wahl. Beziehungsweise es war so ein Zufall.«

Zum ersten Mal erfuhr ich etwas von Winfrieds Kindheit. Mein Urgroßvater, Winfrieds Vater, erzählte Alf, hatte sich auf dem Dachboden seines Hauses in Andernach erhängt. Vermutlich war der eigentliche Grund für diesen Freitod ein lebenslanger Hang zur Schwermut gewesen. Aber zweifellos hatte auch das einigermaßen offen geführte Verhältnis meiner Urgroßmutter mit dem Metzger im Dorf eine Rolle gespielt.

Der Metzger und meine Urgroßmutter heirateten, sobald ein Anstandstrauerjahr verstrichen war. Auch für Winfried hatten sie Pläne. Der sollte bei seinem Stiefvater in die Lehre gehen und, so er sich dabei bewährte, irgendwann einmal die Fleischerei übernehmen. Nach den Verwerfungen der Weltwirtschaftskrise war das, zumal für einen Halbwaisen, eine im Grunde verlockende Aussicht. Nur Winfried, vielleicht auch im Gedenken an den toten Vater, sah das völlig anders und lief nach Holland fort, von wo aus er sich auf einem Dampfer nach Amerika durchzuschlagen hoffte. Doch irgendwie ging etwas schief, und er landete bei der Wehrmacht.

Auch so lernte er die Welt kennen. Er gelangte über Holland nach Paris, wo er, so Alf, sich kopfüber in jedes ihm erreichbare Vergnügen stürzte.

»Ich glaube, am Anfang des Kriegs war das Leben endlich so, wie er sich das immer vorgestellt hatte, aufregend und vergnüglich. Nach Paris konnte es nicht mehr aufwärtsgehen. Aber zumindest war die Versetzung nach Italien dann kein so grausamer Abstieg.«

Unangenehm wurde der Krieg für Winfried in Alfs Erzählung eigentlich erst in Jugoslawien. Dort war er aus unklaren Gründen mit der Nahrungsbeschaffung für die Truppe befasst und sollte der in irgendwelchen Bergdörfern hungernden Bevölkerung – im Wesentlichen Alte, Frauen und Kinder – auch noch die kargen Wintervorräte wegnehmen. Winfried weigerte sich – angeblich – mehrfach, ein solches indirektes Todesurteil zu vollziehen, und saß wegen seiner weichherzigen Starrköpfigkeit wohl sogar im Bau. Im Winter 1942/43 jedenfalls hatten die Vorgesetzten seine immer gleichen Ausflüchte satt, mit denen er sein Versagen bei seinen

Beutezügen zu rechtfertigen versuchte, und versetzten ihn nach Stalingrad.

Was Winfried dort erlebt hatte, wusste Alf nicht. Er kannte nur eine Geschichte, die mein Großvater, der vom Krieg zumeist nur in Anekdoten erzählte, in der diese Zeit abwechselnd als ein großes oder kurioses Abenteuer aufschien, ihm einmal angetrunken offenbart hatte. In ihr hatte Winfried, offenbar schon zum Ende der Schlacht, auf einem improvisierten, von russischer Artillerie beschossenen Flugfeld in einem der Flugzeuge gesessen, mit denen Verwundete, denen man eine Genesung bis zur erneuten Einsatzfähigkeit zutraute, aus dem Kessel geflogen wurden. Die Maschinen starteten im Abstand von wenigen Metern. Von allen Seiten strömten Verzweifelte herbei, um noch irgendwie an Bord einer Maschine zu gelangen oder sich an ein Fahrgestell zu hängen. Winfried saß an einer offenen Ladeklappe und konnte sehen, wie ein Mann, der im letzten Moment in einen gerade vor ihm startenden Flieger gelangen wollte, von seinen Kameraden mit Gewehrkolben daran gehindert wurde und auf die Startbahn stürzte. Sein Kopf zerplatzte keinen Meter von den baumelnden Beinen meines Großvaters entfernt, mit einem Geräusch, so jedenfalls hatte es Winfried Alf erzählt, das sogar durch den Lärm der Flugzeugmotoren drang.

Als uns immer mehr Wespen umschwirrten, begann Alf den Tisch abzuräumen und das Geschirr abzuwaschen. Während er über eine Spülschüssel gebeugt dastand, erzählte er weiter. Offenbar blieb mein Großvater auch nach Stalingrad im Osten stationiert und wurde, als er, entgegen den Befehlen, allein in einem verlassenen Dorf nach etwas Essbarem suchte, von zwei Rotarmisten überrascht. Diese waren angewiesen, jeden Gefangenen zu einer ungefähr fünfzig Kilometer entfernten Bahnstation zu bringen, von wo aus mein Großvater die Fahrt in ein sibirisches Bergwerk und letztlich wohl in den Tod angetreten hätte. Doch im Frühjahr 1944 waren die Wege dorthin teils überflutet und durchgehend verschlammt. Ein Gewaltmarsch in solchem Gelände erschien den beiden Russen wenig verlockend. Kurz mögen sie mit dem Gedanken gespielt haben, den lästigen Gefangenen einfach in ein abgelegenes Wäldchen zu führen und ohne ihn zurückzukehren, wie es die Deutschen oft genug mit ihren Kameraden gemacht hatten. Stattdessen gaben sie meinem Großvater zu verstehen, dass er sich davonmachen könne, wenn es ihm nur gelänge, sie beide unter den Tisch zu trinken.

In Andernach, erzählte Alf, hatte man beim Anblick seines Vaters oft ausgerufen: »Schaut euch bloß den Winnie an, der Wein wie Wasser saufen kann.« Aber galt das auch für Wodka? Nach Alf war sein Vater damals Hochprozentiges nicht gewohnt. Allerdings besaß Winfried einen geheimen Vorteil. Kurz bevor man ihn aufgegriffen hatte, war ihm ein geräucherter Aal in die Hände gefallen, den er auf der Stelle hinuntergeschlungen hatte. Seine Gegner wirkten dagegen ausgehungert. Seine Taktik war es also, die Gläser so schnell wie möglich zu stürzen, damit die

Russen nicht dazu kamen, sich mit den bereitliegenden gekochten Kartoffelschalen eine Grundlage für den Alkohol zu schaffen.

Die Taktik ging auf, jedenfalls in Alfs Erzählung. Nach einigen rasch geleerten Gläsern begannen Winfrieds russische Bewacher zu singen und in dem Deutschen nicht mehr ihren Gefangenen, sondern einen lieben Freund zu sehen. Sie achteten nicht weiter darauf, ob Winfried auch bei jedem Glas mithielt. Als sie endlich schnarchten, sprang mein Großvater in einen nahen Wald, wo er sich unter Laub vergrub, um in aller Ruhe seinen Rausch auszuschlafen.

»Dass ihm der Alkohol das Leben gerettet hat, konnte Papi nicht vergessen. Trinken bedeutete Freude und Überleben, es stand dafür, dass man sein Glück erzwingen kann. Er hat uns die Geschichte seiner Wodkarettung noch und noch erzählt. Und die Lehre daraus war für ihn, dass man mit dem Trinken gar nicht früh genug anfangen kann. Uns, also seine Söhne, versuchte er deshalb schon in jungen Jahren zu bekehren. Bei der Hälfte ist es ihm auch gelungen. Aber wahrscheinlich hat er sich doch manchmal gefragt, ob Otto und ich wirklich von ihm sein können. Wo wir ja nicht einmal einen Schluck Bier hinunterkriegen.«

»Hat der Krieg sonst was mit ihm gemacht? Wirkte er verstört?«

»Schwer zu sagen. Nicht mehr jedenfalls als die anderen Väter auch. Die hatten, wenn man drüber nachdenkt, alle einen weg. Damals kannten wir es aber nicht anders. Ich glaube nicht, dass ihm die Zeit im Krieg sonderlich nachhing. Sicher hat der ganze Scheiß ihn irgendwie geprägt. Wie auch nicht. Aber im Grunde hat er vom Krieg immer wie von seiner großen Zeit erzählt. Was sie in gewisser Weise ja auch war. Die lauernden Panzer kurz vor dem Großangriff im Morgengrauen. Der Vollmond über einem russischen Birkenwald. Champagner in Paris. So viel Freiheit und Abwechslung hatte er später nicht mehr. Ich sag mal, Papi war vor dem Krieg ein lebenslustiger Hallodri, und danach war er es auch.«

Elli, die die meiste Zeit völlig in sich ruhte, beobachtete und zuhörte, schüttelte jetzt entschieden den Kopf: »Euer Vater war kein Hallodri. Der hat alles für die Familie gemacht. Immer früh um vier raus. Dann irgendwie zur Zeche, zu Fuß oder per Anhalter. Neun, zehn Stunden unter Tage. Gebückt in Hitze und Staub. Wieder zurück. Zuhause Chaos und Lärm und nichts zu fressen. Und das jeden Tag, außer Sonntag. Und es gab nur zwei Wochen Urlaub im Jahr. Eurem Vater tat immer alles weh. Aber Krankentage waren unbezahlt. Also ist er trotz Schmerzen raus. Selbst als er schon Rentner war, weil das Geld noch immer knapp war.«

Alf wiegte zustimmend den Kopf: »Ein schönes Scheißleben war das. Aber soweit ich mich erinnere, hat er sich nie beklagt. Dabei hatte er so viele Träume. Er war gern beim Militär. Er hat Paris geliebt und Italien. Er wäre gern Flieger gewesen. Hätte er nur Abitur gehabt. Der hatte so viele Interessen. Fotografieren konnte er wie ein Profi. Was er aber überhaupt nicht gern war, war Bergmann. Und das blieb er sein Leben lang.«

»Er hat fotografiert?« Davon hatte ich noch nie gehört.

»Ja. Auch wenn Filme natürlich teuer waren und er nur selten wirklich auf den Auslöser drücken konnte. Aber er hat es geliebt und wirklich tolle Aufnahmen von seinen Kindern und den Wellensittichen gemacht.«

Offenbar unterhielt mein Großvater in frühen Jahren eine Wellensittichzucht in einem Küchenschrank.

»Die Kamera war sein größter Schatz. So eine zweiäugige Rolleicord, die er nach vielen Bettelgängen bei Wirth auf Ratenzahlung bekommen hat. Wahrscheinlich war die das Einzige von Wert bei uns zuhause. Papi hatte sie immer in so einer Kiste aufbewahrt, die mit einem Vorhängeschloss gesichert war. Die Kiste verwahrte er in seinem Verschlag im Keller auf, der war für uns unter Androhung der fürchterlichsten Prügel absolut verboten. Papi kannte seine Pappenheimer. Und natürlich hat Gunter dennoch an dem Schloss herumgemacht, es aber letztlich nicht aufgekriegt.«

»War die Kiste rot?«

»Ja, genau. Papi hat sie mit Dielenfarbe gestrichen, damit sie die Feuchtigkeit im Keller aushält.«

»Was ist aus der Kamera geworden?«

»Er hat sie mit Sicherheit irgendwann versetzt. Anfang der Sechziger wurde Papi wegen einer Dummheit arbeitslos. Ein, zwei Monate, mehr nicht. Danach haben sie ihn wieder zurückgenommen. Aber ausgerechnet in dieser Zeit brach bei deinem Vater, der war da kaum älter als vier oder fünf, der Blinddarm durch. Otto musste ins Krankenhaus. Und wir hatten keine Versicherung.«

War das der Grund, warum mein Großvater die Kiste meinem Vater vererbt hatte? Wollte er ihm vor Augen halten, was er für ihn hergeben musste? Allerdings erschien es mir unwahrscheinlich, dass Winfried während der Arbeitslosigkeit nicht krankenversichert gewesen sein soll, war der Staat 1960 wirklich noch so grausam?

Alf drehte an seinem Glas und starrte schweigend vor sich hin. Ich hatte den Eindruck, als werde er nach der Geschichte mit der Rolleicord von einer für ihn ganz unerwarteten Zuneigung für seinen Vater übermannt. Ich musste daran denken, wie ungewohnt ergriffen mein Vater – jedenfalls in meinen Augen – damals gewesen war, als er mir sein Erbe präsentiert hatte. Ich dachte, beide, mein Vater und Alf, wussten: Ihr Vater hatte nichts zurückgehalten, er hatte sich ganz gegeben, mehr konnten sie nicht verlangen. Und dennoch hatte es nicht gereicht.

*

Die Dämmerung war lang und blau. Ich wusste, dass Elli und Alf inzwischen gerne früh schlafen gingen, blieb dennoch noch etwas sitzen, denn ich fühlte mich ganz ungewohnt wohl. Vielleicht, überlegte ich, hatte die Art, wie Elli und Alf miteinander umgingen, auf mich abgestrahlt. Sie harmonierten auf eine Weise, wie ich das von anderen Paaren überhaupt nicht kannte. Sie berührten sich mit einer fast kindlichen Gutartigkeit ständig beiläufig mit der Hand und behielten sich stets in den Augenwinkeln. Auch jetzt hatte Elli wieder ganz selbstverständlich ihre Finger auf Alfs Arm und beklopfte ihn sanft.

Vor vielen Jahren schon hatte mir Alf gesagt, dass seine Elli zwar grau geworden sein mochte, er jedoch noch immer in ihr, wenn er morgens neben ihr aufwachte, dasselbe junge Mädchen sehen konnte, das er einst geheiratet hatte. Mir war dies damals leicht peinlich gewesen, als müsste ich Alf selbst ein wenig Mut zusprechen; doch jetzt begriff ich, dass er die Wahrheit gesagt hatte, jedenfalls im Kern, dass er mit Elli in einem mir kaum vorstellbaren Zustand der Zufriedenheit lebte, und spürte für einen kurzen Moment einen inneren Schwindel. Mir wurde jäh klar, dass ich diese Art Seelenfrieden wohl nie finden würde. Vielleicht, wahrscheinlich hatte ich mir eine solche Besänftigung an der Seite von Lydia, der Mutter meines Sohnes, auch für mich vorgestellt, doch Lydia hatte leider andere Ideen.

Meine linke Hand zitterte, und damit Elli und Alf das nicht mitbekamen, stellte ich die Frage, die ich bislang vermieden hatte.

»Wie ist er eigentlich gestorben? Winfried, meine ich. Ich erinnere mich ja noch vage an die Beerdigung. An Martin und Raffi.«

Alf wusste natürlich, was mir durch den Kopf ging.

»Martin würde das natürlich abstreiten. Aber Papis Tod … Für ihn war das mit am schlimmsten. Er hat irgendwas mit dem Alten nie zu Ende gebracht und dann …«

Ich wartete, dass er weitersprach, als Elli sich plötzlich einmischte und unserem Gespräch eine unerwartete Wendung gab.

»Ich muss gerade an die Geschichte denken, die Isi erzählt hat. Von dieser Frau, die dabei war, als euer Vater starb.«

Ich erfuhr, dass meine Tante Isi, der ich, soweit ich mich erinnere, höchstens als Kind einmal flüchtig begegnet war, in den Neunzigern für eine Chemotherapie ins Krankenhaus musste. Dort teilte sie das Zimmer mit einer ebenfalls an Darmkrebs erkrankten Frau. Die beiden kamen unweigerlich ins Gespräch. Dabei erwähnte die Zimmernachbarin irgendwann, dass sie Anfang der 1980er schon einmal in genau diesem Krankenhaus gewesen war. Damals als sehr unglückliche junge Frau, die aus Verzweiflung ihr Auto gegen eine Mauer gelenkt hatte. Die Feuerwehr zog sie im letzten Moment aus dem brennenden Wrack, und sie musste mit schweren Verbrennungen auf die Intensivstation. Dort lag sie neben einem Patienten, der ebenfalls schwer verbrannt war und sie in seinen letzten Stunden so beeindruckte, dass sie noch Jahre später, sooft sie im Strudel ihrer wiederkehrenden Verzweiflung zu versinken drohte, an ihn dachte und dadurch irgendwie durchhielt. Während die Frau diese Geschichte erzählte, beschlich Isi ein Verdacht. Es erschien ihr abwegig, dennoch hakte sie nach.

Einige Fragen und Antworten später war sie sich sicher, dass der sterbende Mann auf der Intensivstation ihr Vater gewesen war.

»Wisst ihr, wer diese Frau war? Habt ihr versucht, sie zu kontaktieren?«

Alf und Elli sahen sich an, als ginge ihnen erst jetzt auf, dass dies ja tatsächlich möglich gewesen war.

»Das mit Isi ist auch schon wieder über 25 Jahre her. Wer weiß, ob diese Frau noch lebt. Wo sie doch so krank war.«

Ich schaute an Alf vorbei über den See, für den das Wort *Baggerloch* wirklich angemessen war, obwohl er ja für mich in gewisser Weise der Inbegriff eines Sees überhaupt war.

»Ja, aber vielleicht gelingt mir es, das herauszufinden.«

4.

»Scheiße ... muss ja ... hömma ... ich sach ma ... Pflaumenarsch ... früher war auch besser!«

Olaf lächelte spöttisch. Seitdem er aus Asien zurück war und eine Kindertagespflege in seinem Elternhaus betrieb, eröffnete er jedes Gespräch mit mir in einem bis zur Parodie übertriebenen Beifanger Slang, wahrscheinlich, um auf ironische Weise klarzustellen, dass er sich der Absurdität seiner Rückkehr in die Heimat durchaus bewusst war.

In dem Gartenhäuschen, das ich als Jugendlicher aufzubauen geholfen hatte, war ein Feldbett für mich aufgestellt. In der Zechenhaushälfte schliefen bereits Annette und die drei Kinder. Als wir im Garten mit einem Bier in der Hand zusammensaßen und auf das brennende Holz in einer mittelgroßen Feuerschale starrten, beruhigte sich Olaf, und es stellte sich allmählich wieder etwas von der selbstverständlichen Vertrautheit ein, die uns durch unsere Kindheit und weite Teile unserer Jugend hindurch verbunden hatte.

Zwischen sechs und sechzehn hatten wir die meisten prägenden Erfahrungen mehr oder weniger gemeinsam gemacht. Wir hatten uns in der ersten Klasse der Grundschule kennengelernt, wo Olaf die ersten Wochen über finster und abweisend in der letzten Reihe gesessen und sich geweigert hatte, mit irgendwem zu sprechen, bis er, kurz vor den Weihnachtsferien, in der großen Pause plötzlich auf mich zugekommen war, mich wortlos gegen eine Wand gedrückt und bis zum Läuten festgehalten hatte. Ich weiß noch, dass ich mich nicht wehrte, weil ich den Sinn dieser Geste verstand. Wir wurden Freunde und blieben es auch noch dann, als wir später auf verschiedene Schulen gingen.

Eigentlich hatte unser Grundschullehrer uns beide aufs Gymnasium schicken wollen. Olaf hatte in allen Fächern, sogar in Sport, eine Eins. Doch seine Eltern fanden den langen Schulweg in eine andere Stadt mühselig, was sollte das bringen? In ihren Augen bedeutete bereits der Besuch einer Realschule im Vergleich zu ihrem eigenen achtjährigen Volksschulbesuch einen völlig ausreichenden Fortschritt. Sollte ihr Sohn auch nach zehn Schuljahren noch zu guten Noten neigen, könnte man ja dann immer noch weitersehen.

Nur waren auf der Realschule in Beifang gute Noten, vor allem unter Jungs, verpönt. Wer etwas auf sich hielt, kam während eines Schuljahres mit einem einzigen Hausaufgabenheft für alle Fächer aus. Die Mädchen suchten sich ihre Freunde nicht selten nach deren Mopeds und Autos aus. Es war verständlich, dass Olaf, obwohl er mit seinen Anlagen theoretische Mathematik hätte studieren können, statt mit weiteren Schuljahren mit einer relativ gut bezahlten Banklehre liebäugelte und schließlich einen Ausbildungsvertrag bei der Sparkasse Selm unterschrieb.

Olaf reichte mir ein neues Bier.

»Und Vincent?«

Die Frage war unvermeidlich.

»Schwierig.«

»Macht sie dich noch immer bei ihm schlecht?«

Olaf hatte Lydia die Trennung von mir nie verziehen und unterstellte, dass sie alles daransetzte, meinen Sohn gegen mich aufzubringen.

»Ich glaube nicht, dass sie mich direkt schlechtmacht.«

»Du nimmst sie noch immer in Schutz.«

Olaf hatte recht. Ich hatte bis heute Verständnis für Lydia. Sie war unfähig zum Selbstbetrug gewesen. Sobald sie sich hatte eingestehen müssen, dass ihre Liebe für mich nicht groß genug war, um mit mir gemeinsam das Kind großzuziehen, das seit vier Monaten in ihr heranwuchs, hatte sie schonungslos nach dieser Einsicht gehandelt, vor allem gegen sich selbst. Sie ging damals ganz ohne Sicherheitsnetz. Sie konnte nicht voraussehen, dass sie kein Jahr später Jon treffen würde, der ihr und Vincent, zusammen mit den gemeinsamen Zwillingen und seinen Kindern aus einer früheren Beziehung, nun dieses komfortable Münchener Penthouse-Leben mit Blick auf den Alten Südfriedhof bot. Wo sie, so stellte ich es mir zumindest nachts oft vor, in einem wild-fröhlichen Patchwork lebten, in einer Familie, die wie alle Familien ihre Probleme und dunklen Seiten hatte, aber eben auch einen lebhaften, von Diskussionen und Gelächter schwirrenden Esstisch und das Toben großer und kleiner Kinder rund um den mit der Hausgemeinschaft geteilten Kellerpool.

»Ich versuche, nicht zu verbittern.«

»Und?«

»Meistens kann ich die Sache mit Humor nehmen. Obwohl das ja auch nichts bringt, auf lange Sicht. Am Ende vergeht einem ja doch das Lachen.«

»Das stimmt.«

»Aber ich hasse nicht.«

»Wenn du sie runtermachen willst, lass es nur raus. Ich bin dabei.«

Olaf stand zu mir, hatte immer zu mir gestanden, und ich dachte mit schlechtem Gewissen an unseren Sommer in Paris, wohin wir auf Olafs wochenlanges Drängen hin nach seinem Realschulabschluss getrampt waren. Er hatte sich damals wohl beweisen müssen, dass sein Leben auch als zukünftiger Banklehrling noch nicht vorbei sein musste.

Gleich nachdem wir in Paris angekommen waren, hatte Olaf unsere gesamte gemeinsame Reisekasse in Whisky und Zigaretten angelegt. Als ich entgeistert fragte, wo wir schlafen und was wir essen sollten, offenbarte er mir seinen Plan: Wir würden uns – unsere Gitarren hatten wir stets dabei – natürlich als Straßenmusiker durchschlagen. Ich war entsetzt. Anders als

Olaf schien ich zu wissen, wie ungeschickt wir mit unseren Instrumenten waren. Doch Olaf fing noch vor der Gare du Nord an, Songs von Joy Division, The Cure und The Fall zu spielen. Auch wenn ich seinen Auftritt einigermaßen peinlich fand, sammelte er in nur einer Stunde über siebzig Franc ein. Damit hatten wir Geld für die erste Nacht. Ein Hotelzimmer hinter der Gare du Nord kostete damals fünfundfünfzig Franc, weniger als zwanzig Mark. Dafür gab es aber auch krakeelende Säufer als Zimmernachbarn, huschende Kakerlaken an den Wänden und pro Etage nur einen Stehabtritt, der so verdreckt war, dass Olaf und ich, nachdem wir einen entsetzten Blick darauf geworfen hatten, es fortan vorzogen, auch in größter Not im einige Minuten entfernten, rund um die Uhr geöffneten Quick zur Toilette zu gehen. Es erschien uns im Vergleich das kleinere Übel, auch wenn wir nach Einbruch der Dunkelheit auf dem Weg dorthin anfangs noch von einigen am Metroeingang herumlungernden Typen mit Messern gestoppt und zur Entrichtung eines Wegzolls in Form von ein paar Franc oder Zigaretten gezwungen wurden.

Es lief überraschend gut. Tag für Tag stellten wir uns, nach einem späten Frühstück im Quick aus Cheeseburgern mit Pommes und Vanilleshakes, bei Sacré-Cœur auf einen Treppenabsatz und erspielten uns in wenigen Stunden genug Geld für den Tag. Die zweite Session bei Notre-Dame war oft schon reiner Luxus. Selbst der Weg zu den Toiletten war nach dem dritten, vierten

Abend kein Problem. Statt uns abzuziehen, boten uns die herumlungernden Jungs einen Zug von ihren Joints an. Sie wussten inzwischen, dass wir uns von den Dealern am Bahnhof eingeschmolzene Autoreifen, vermischt mit Rattenkot für 100 Franc das Gramm hatten andrehen lassen.

Wir waren sechzehn, in Paris, verdienten mit Musik Geld und konnten tun und lassen, was wir wollten. Jeden Tag lernten wir Mädchen auf Klassenfahrt kennen, die wir manchmal sogar küssten. Aus meiner Sicht hatten wir außerordentlich gelungene Ferien. Doch dann sprach Olaf plötzlich davon, eine richtige Wohnung mieten zu wollen, und fuhr an einem Abend nach Aubervilliers hinaus, wo er jemanden treffen wollte, der uns angeblich gefälschte Pässe besorgen konnte, die für die Unterschrift unter einem Mietvertrag nötig waren. Natürlich ging das schief, und Olaf verlor einen Großteil unseres Gelds. Trotzdem wollte er es möglichst bald noch einmal versuchen. Ich begriff, was vielleicht von Anfang an offensichtlich gewesen war: Olaf wollte nicht zurück. In Beifang erwarteten ihn bloß die Tristesse hinter einem Bankschalter und ein Zimmer im Haus seiner Eltern. Olaf fürchtete, in Beifang an Beifang zugrunde zu gehen.

In den alkoholseligen Pariser Nächten erfuhr ich mehr über seine Schwierigkeiten mit seinem um ein halbes Jahrhundert älteren Vater. Der war noch in den letzten Kriegstagen zusammen mit seinen Kameraden von der

Schulbank auf die Pritsche eines Lkw getrieben worden, um im sogenannten Volkssturm auf die vorrückenden Engländer loszugehen. Allerdings endete die Fahrt für die verängstigten Sechzehnjährigen schon nach wenigen Kilometern hinter Datteln vor den Kanonenrohren eines Shermans. Die kommenden Monate verbrachte Olafs Vater, eingepfercht hinter Stacheldraht, mit tausend anderen deutschen Kriegsgefangenen unter freiem Himmel in einem der Rheinwiesenlager.

Olaf hatte, stellte sich in unserem Pariser Hotelzimmer heraus, einiges über die berüchtigten Rheinwiesenlager gelesen. Er erzählte, dass es dort, selbst für Schwerverletzte und frisch Amputierte, keine medizinische Versorgung, für niemanden sanitäre Anlagen und für alle fast nichts zu essen gegeben hatte. Man hatte überlebt, so Olaf damals, indem man buchstäblich ins Gras gebissen und den ganzen Tag lang Unkraut und Brennnesseln gekaut hatte. Viele Gefangene gruben sich gegen Wind und Wetter Erdlöcher, in denen sie dann bei Regen ertranken, weil sie zu schwach geworden waren, wieder herauszukriechen. Ihre Leichen wurden einfach vom Boden geschluckt. Wo gestern noch jemand gelegen hatte, trampelten heute Hunderte Kameraden herum, längst unempfindlich gegen den penetranten Leichengeruch.

Für Olaf, der von seiner Mutter vom Lageraufenthalt seines Vaters erfahren hatte, stand fest, dass nach diesen Monaten im Schlamm es bei seinem Vater keinen Einklang zwischen Innen- und Außenwelt mehr gegeben hatte, er zu einem Fremdling im eigenen Leben geworden war, herausgefallen aus allen Zusammenhängen, aus der Beziehung zum Ich und zum Wir, ein beschädigter Mensch.

Ich selbst erinnerte mich an Olafs Vater als einen wortkargen, oft bloß abweisend in sich hineinlächelnden, aber in seiner Unzugänglichkeit eben immer auch Respekt einflößenden Mann, der, sooft ich auf dem Weg zu Olafs Zimmer an der offenen Tür zum Wohnzimmer vorbeikam, gutmütig *Ah, wieder der Frank* sagte, ohne von dem Fernseher aufzusehen. Dies wiederholte sich vier, fünf Mal in der Woche, viele Jahre lang. Trotzdem kann ich mich an kein Gespräch zwischen uns erinnern, nicht einmal an einen Austausch von Belanglosigkeiten. Einmal sah ich, wie er ein zappelndes Kaninchen an den Ohren in seinen Werkzeugschuppen trug, wo, wie ich nur zu gut wusste, zwei Schlaufen aus Paketschnur an Haken in der Wand hingen, unter denen eine Spur aus getrockneten Blutstropfen bis hinunter zum Estrich verlief. Einmal zeigte mir Olaf betrunken ein Foto, aufgenommen während des einzigen gemeinsamen Sommerurlaubs der Familie, auf dem der Vater in einem Strandkorb in Ruhe Zeitung liest, während der zweijährige Olaf, mit einem Hundehalsband an den Sonnenschirm geleint, im Sand spielt.

In Paris begann ich zu begreifen, dass Olaf innerlich vor einem Abgrund stand und auf meine Solidarität zählte. Nicht ohne Grund. Schließlich waren in der Pariser

Freiheit unsere Interessen, unsere Ziele, im Grunde unsere Leben miteinander verschmolzen. Wir hatten alles geteilt. Ich bin mir bis heute ziemlich sicher, dass Olaf umgekehrt, nur um unsere Verbundenheit zu erhalten, nahezu jedes Opfer gebracht hätte. Ich aber lehnte ein solches, als er es von mir stumm verlangte, mit kalter Entschlossenheit ab und stand noch am Tag, als mir klar wurde, worauf Olaf aus war, mit unserem letzten Geld in der Gare du Nord für zwei Rückfahrkarten an.

Olaf und ich tranken auch noch ein viertes Bier, und ich verstand immer weniger, warum wir seit Paris nie wieder über Paris gesprochen hatten. Ich gab mir einen Ruck und begann, tastend und umständlich, mein nun schon fast dreißig Jahre altes schlechtes Gewissen zu formulieren. Olaf hörte aufmerksam zu und schüttelte dann den Kopf: »Mach dir keinen Kopf. Das war doch cool damals.«

»Wirklich?«

»Du wusstest eben, was du wolltest.«

»Ja – was?«

»Na, alles, was du wolltest, war einfach alles, oder?«

Ich erschrak. Vermutlich war es wahr. Ich hatte schon so lange nicht mehr an meine damalige Hybris gedacht.

»Hättest du es wirklich durchgezogen, wenn ich dabeigeblieben wäre?«

Er leerte sein Bier in einem Zug.

»Ich weiß nicht. Eine Zeitlang bestimmt.«

Wir schwiegen.

»Und was macht die Liebe heute?«

»Liebe?«

»Nichts los mit Frauen?«

Ich wiegte meinen Kopf nach rechts und links.

Olaf nickte und begann dann, weil es ihn mehr als mein Liebesleben beschäftigte, zu erzählen, wie schwer es nach seiner Rückkehr aus Bali mit seinem kranken Vater gewesen war.

»Der Typ hat sich sein Leben lang in sich vergraben. Hauptsache, mit niemandem etwas zu tun haben. Schweigen. Lächeln. Vorm Fernseher hocken. Das personifizierte Desinteresse. Der hat unter einem Panzer gelebt. Hart und emotionslos – dann kann einem keiner was. Gefühle – lächerlich. Aber als der Krebs kam, rief er gleich an.«

Bei seiner Rückkehr traf Olaf zu seiner Überraschung auf einen Mann, der nach jahrzehntelangem Schweigen plötzlich den Mund nicht mehr zubekam.

»Völlig bekloppt. Dein Leben lang wartest du, dass dein Vater sich öffnet, und dann, wenn es endlich soweit ist – banalstes Blabla. Was er sich beim Einkaufen gedacht, dass er den Kaffee bei Lidl, die Wurst und das Brot aber im Penny besorgt hat. Weil im Angebot, blabla. Stundenlang konnte er sich über solche Nichtigkeiten auslassen.«

Olaf stand auf, streckte sich nach einem Querbalken am Gartenhaus, tastete darauf herum, und plötzlich flammte sein Gesicht hell auf. Der Zigarettenrauch kam im nächsten Moment schon wieder aus der Dunkelheit.

»Ich meine, angesichts des Tods erwartet man schon

irgendwie etwas anderes. Nicht so einen Sprechdurchfall. So ein Dauer-Blabla.

Der begann eine völlig belanglose Geschichte zu erzählen, und wenn er fertig war, fing er damit wieder von vorne an. Nicht aus Vergesslichkeit. Einfach, um mit dem Reden nicht aufzuhören. Der machte sich in die Hose vor Angst. Aber zugeben konnte der das nicht. Stattdessen, ja klar, aber ja, haste nicht gesehen.«

Auch wenn die ersehnte große Aussprache, bei der sich Vater und Sohn endlich alles sagen konnten, nie stattfand, halfen die letzten Monate mit dem sterbenden Vater, behauptete Olaf, ihm dabei, etwas einzusehen. Er genoss es, für den Kranken da zu sein, sich um Medikamente, das Essen, seine Hygiene zu kümmern. Er begann zu begreifen, erzählte er nun spürbar aufgeregt, dass der Grund für sein jahrelanges Reisen ein Missverständnis gewesen war.

»Die ganze Zeit über war ich auf der Suche nach mir selbst gewesen, ich wollte etwas aus meinem *Selbst* machen, dabei konnte ich mit mir selbst gar nicht viel anfangen. Das wusste ich bloß nicht.«

»Ich wundere mich auch, wie viele sich selbst verwirklichen wollen, als ob allein dadurch, dass sie sie selbst werden, etwas Gutes oder Schönes dabei herauskommt. Ich meine, die meisten sind doch einfach schrecklich. Je weniger sie sie selbst sind, desto besser.«

Olaf lachte, ein wenig bitter, wie mir schien.

»Ja. Aber erst als es nicht mehr um mich, sondern

um die Bedürfnisse des Alten ging, habe ich das begriffen. Denn plötzlich habe ich mich wohlgefühlt.«

Nach dieser Einsicht lag es nahe, erzählte Olaf weiter, sich auch in Zukunft um andere zu kümmern. Er informierte sich über seine Möglichkeiten und erfuhr, dass zur Eröffnung einer Kindertagespflege nur geeignete Räume und das erfolgreiche Bestehen eines vierwöchigen Crashkurses nötig waren.

»Das Haus hatte ich geerbt. Und den Kurs hätte auch mein Neunjähriger bestanden. Das Niveau war so niedrig, es war wirklich peinlich.«

»Und wie ist das, der Tag mit so vielen Kindern?«

»Krass. Aber, ich sach mal, was Geileres gibt es ja eigentlich nicht, als für die Rotznasen da zu sein.«

Olaf schaute mich von der Seite an und verzog dabei einen Mundwinkel, als ob er prüfen wollte, wie ich dieses vergleichsweise pathetische Geständnis aufnahm. Als ich nicht gleich reagierte, nahm er sich ein neues Bier und trank es in hastigen Zügen aus.

»Dieser Scheißdurst.« Er wiegte die Flasche in seiner Hand.

»Weißt du, ich lese viel, also mit den Kindern. Ich hab ja meinen Eltern immer vorgeworfen, dass sie mir nie vorgelesen haben. Ich habe bis heute zwei Bücher zu Ende gelesen. So schmale Dinger. Vollkommen lächerlich. Aber den Kleinen hier, die zuhause vor dem Fernseher sitzen, will ich zeigen, dass es noch was anderes gibt. Vielleicht bleibt was hängen. Mich macht es jedenfalls froh, mir das vorzustellen. Klar, manchmal pack ich mich noch hier vors Häuschen, trinke eine halbe Kiste Bier, rauche ein Päckchen und träume noch mal die alten Träume vor mich hin. Aber das reicht mir dann auch wieder für ein Vierteljahr.«

Eigentlich hatte ich vorgehabt, mit Olaf über die leere rote Kiste und mein Vorhaben zu sprechen, mehr über mein Herkommen in Erfahrung zu bringen. Aber würde ihn das interessieren? Ich hatte nicht den Eindruck, dass es in seinem Leben noch viel Platz für anderes als die eigenen Belange gab. Aber das erlebte ich ja mit den meisten meiner früheren Freunde, die nun Familienväter waren.

Während ich solchen Gedanken nachhing, stand Olaf auf, gähnte lange und hemmungslos und meinte: »Scheiße, so spät.«

*

Eine halbe Stunde, nachdem ich eingedämmert war, lag ich auch schon wieder mit juckenden Unterarmen wach. Mit einem von Müdigkeit und Bier verwirrten Kopf machte ich zunächst das von den riesigen Schweinemastbetrieben im Umland verseuchte Wasser dafür verantwortlich. Aber dann fielen mir wieder die von Eichenprozessionsspinnern befallenen Eichen ein, unter denen ich mit Elli und Alf gesessen hatte, und erinnerte mich an den Wochen andauernden Ausschlag im letzten Jahr. Das machte das Wiedereinschlafen nicht leichter. Drei Stunden später riss mich ein metallisches Scheppern aus unruhigen, verworrenen Träumen.

Ich taumelte benommen, mich an den Armen kratzend, durch das Morgengrauen. Vor einem hohen Bauzaun, der merkwürdigerweise mit Aluminiumpaneelen gegen Blicke geschützt war – es handelte sich dabei offenbar um die Improvisation eines mäßig begabten Heimwerkers –, stand ein kleines Kind. Es lachte begeistert auf, sooft auf der anderen Seite etwas gegen die Metallteile schepperte.

Olaf rief von weiter hinten einen Namen, doch das Kind reagierte nicht. Plötzlich war Olaf neben mir.

»Elsa ist immer meine Erste. Sie wird von ihrem Papa schon um sieben gebracht. Eigentlich öffne ich erst um acht. Aber die Mutter ist ziemlich …«, er warf einen Seitenblick auf das Kind und sprach nicht weiter.

Ich war dem Zaun nahe genug, um durch eine Lücke zwischen zwei Lamellen sehen zu können. Ich erkannte einen gedrungenen Hund mit haifischförmiger Schnauze, kleinen Augen und an gezückte Dolche erinnernden dreieckigen Ohren, der immer wieder gegen das Aluminium sprang. Nach jeder Attacke rang er kurz um Atem, wobei ihm Geifer von den entblößten Lefzen tropfte.

»Was ist das, ein Kampfhund?«

»Bull Terrier. Mein wundervoller Nachbar züchtet sowas.«

»Ist das erlaubt?«

»Meiner Meinung nach nicht. Per Eilantrag wurde er zu diesem Zaun verdonnert. Das mit dem Verbot klärt sich bald vor Gericht.«

Olaf nahm das Kind an die Hand und zog es Richtung Haus: »Kaffee?«

In diesem Moment sprang auf der anderen Seite das aufgebrachte Tier den Zaun an, so hoch, dass ich einige Schritte zurückwich.

»Warum nicht.«

5.

In diesen Wänden also wird es enden. Die frische Farbe war noch zu riechen. Das Laminat mochte von echtem Holz auf den ersten Blick kaum zu unterscheiden sein. Gleichwohl spürte ich, jedenfalls bildete ich mir das ein, seine künstliche Beschaffenheit bei jedem Schritt.

Mein Vater öffnete die Tür zum Sport- und Gästezimmer, das noch bis unter die Decke mit nicht ausgepackten Umzugskisten vollgestellt war.

»Hier kannst du dann mit Vincent beim nächsten Mal schlafen. Wir stellen noch ein Schlafsofa mit Federkernmatratze rein.«

Ich nickte und rieb meine Unterarme gegeneinander. Der grobe Stoff meines Jeanshemds war eine Wohltat.

Ich folgte ihm durch den langen Flur, von dem das Schlafzimmer und das barrierefreie Bad abgingen, in die nicht wirklich geräumige Wohnküche, in der es eine kleine Kochinsel mit den obligatorischen Hochstühlen für das schnelle Frühstück gab. Gleich daneben stand ein aus Bodendielen und dicken Kanthölzern zusammengefügter Holztisch, wie er in Berliner Altbauten der Besserverdienenden vor zehn Jahren in Mode gewesen war.

Die Raumaufteilung insgesamt, das musste ich zugestehen, war allerdings praktisch.

Mein Vater öffnete die Tür zur Balkonterrasse, und wir traten hinaus unter den wolkenverhangenen Himmel. Die Gartenparzellen im Erdgeschoss waren nicht von echten Hecken, sondern von mit Zierkieseln gefüllten, heckenförmigen Gitterbehältnissen eingefasst, die kaum weiterer Pflege bedurften.

»Schöne Steingefängnisse.«

»Was?«

Mein Vater lehnte sich über die Brüstung, aber nicht, um sich die umgitterten Steine anzusehen, wie ich zunächst vermutet hatte, sondern um besser durch eine schmale Häuserlücke blicken zu können.

»Man sieht sogar den Auenpark.«

Der Auenpark war das stadtplanerische Vorzeigeprojekt Selms, in das öffentliche Fördermittel in Millionenhöhe geflossen waren, um aus einem Feld und dem in seinem natürlichen Bett mehr oder weniger gerade verlaufenden Bach eine freizeittaugliche Auenlandschaft zu machen mit einem verspielt-verschlungenen Wasserlauf, vielfarbigen Skulpturen, drehbaren Sitzmöbeln, einem zehn Meter hohen Aussichtshügel mit bunter Glaskuppel, Skateanlage, Spielplatz und öffentlichen Klohäuschen. Mein Vater sah den Park vorbehaltlos als Gewinn, sicherlich auch, weil er den Preis für unser altes Haus, das sich durch die unmittelbare Parknähe plötzlich, wenn man so will, in *gehobener Wohnlage* befunden hatte, um sicherlich einige zehntausend Euro nach oben getrieben hatte. Er deutete ihn aber auch als Zeichen, dass seine Heimatstadt *sich machte.* Ich dagegen verband mit der von der Stadtverwaltung sogenannten »neuen aktiven Mitte« das fortgesetzte Verschwinden meiner Kindheitslandschaft. Dem Auenpark waren vor allem die von den Anwohnern der Langen Straße eigenmächtig ins Stadtland verlängerten Gärten zum Opfer gefallen, wo sie zwischen Gemüsebeeten und Komposthaufen allen möglichen Kram abgelagert hatten, der ihnen für die Müllabfuhr noch zu schade gewesen war. Wir Kinder hatten darin eine Art Wunderkammer gesehen, wo wir Bretter, Kanthölzer, Planen und ausrangierte Möbel für unsere Buden hatten finden können.

Abgesehen von solchen sentimentalen Einwänden gab es in meinen Augen aber auch ein echtes Problem: Nach den vergangenen trockenen Sommern war nicht mehr genug Wasser im Bach, um die neuen und weitläufigen Auen ausreichend zu fluten. So war, anstelle eines von reicher Fauna und Flora besiedelten Feuchtgebiets, im Grunde nichts als eine sumpfige, stinkende, mückenverseuchte Brachfläche entstanden; aber das mochte im Herbst schon wieder ganz anders aussehen.

Ich duschte und bedeckte meinen juckenden Ausschlag an den Armen großzügig mit einer Cortisonsalbe aus dem Arzneischrank; anschließend steckte ich sie vorsichtshalber ein. Meine Mutter war noch bei ihrer Gymnastik. Eigentlich hatte ich vorgehabt, einen solch günstigen Moment zu nutzen, um meinem Vater von meinem Treffen mit Alf zu berichten. Ich hatte sogar die vage Hoffnung gehegt, dass er mir daraufhin eigene Erinnerungen erzählte. Aber dann saßen wir uns bloß etwas ratlos und wortkarg am neuen Esstisch gegenüber, und alles war falsch.

Ich schob das zunächst auf die ungewohnte Umgebung, auf die zahlreichen Anschaffungen, mit denen meine Eltern ihren Haushalt von Grund auf neu ausgestattet hatten. Ich setzte ein merkwürdig bauchiges, am Boden grau gefärbtes Wasserglas auf einen noch nie zuvor gesehenen Untersetzer aus anthrazitfarbenem Kork und schluckte schwer.

Doch nicht die mich bedrückende Altenwohnung verhinderte ein Gespräch. Es war etwas zwischen mir und meinem Vater. In der neuen Umgebung federte nichts Gewohntes, nichts Schon-immer-Dagewesenes die Unmittelbarkeit unseres Aufeinandertreffens ab. Ich schlug den Blick nieder, sooft er mich ansah.

Dabei waren wir, meines Erachtens, alles andere als hoffnungslos entzweit. Uns verband durchaus eine Art Membran. Nur war sie eben nicht für alles durchlässig. Wir hatten unsere Gespräche über Autos, Politik und Sport; Themen, die mich gar nicht interessierten, die aber Brücken zur Welt meines Vaters waren. Gespräche, in denen es nie um uns oder um etwas ging, das uns sonderlich bewegte, bei denen aber, bildete ich mir zumindest ein, das Eigentliche, unsere unverbrüchliche Verbundenheit, immer unausgesprochen mitschwang.

Das war nicht wenig.

Nur genügte es mir jetzt nicht mehr.

»Alf und Elli haben viel erzählt.«

Mein Vater reagierte nicht.

»Soll ich erzählen?«

»Kannst du.«

Ich suchte nach einem Satz, der eine Bresche in das nur von wenigen, seit Jahrzehnten ausgetretenen Pfaden gequerte Gestrüpp unserer Beziehung schlagen würde, war aber nicht in der Lage, auch nur einen klaren Gedanken zu fassen. Ich stand, wie schon so oft, wenn ich einen anderen als den routinierten Zugang zu meinem Vater gesucht hatte, innerlich vollkommen neben mir. Bislang hatte ich das als etwas Unabänderliches hingenommen. Jetzt machte es mich ärgerlich. Ich ahnte, wusste, dass die freundliche Unberührbarkeit meines Vaters eine bloße Pose war.

Ich dachte an den Nachmittag, als er von Winfrieds Tod erfahren hatte. Ich stand damals in der Küche und sah durch die offene Tür zum Wohnzimmer mit an, wie er den Hörer vom klingelnden Telefon abnahm, kein Wort sagte, kurz darauf wieder auflegte und sich mit dem Gesicht nach unten auf die Couch warf. Auf meine erschrockene Frage, was denn los sei, antwortete er mit einer Stimme, die ich kaum erkannte: »Mein Pa ist tot.« Ich lief auf der Stelle zu meiner Mutter in den Waschraum. Als wir nach einigen Minuten ins Wohnzimmer gingen, saß mein Vater bereits aufrecht auf der Couch und gab sich wie sonst auch. Ich konnte mich nicht daran erinnern, dass er über den Tod seines Vaters danach ein Wort verloren oder irgendein Zeichen der Trauer gezeigt hätte. Für die Beerdigung kaufte mein Vater weder für sich noch für mich einen Anzug, und wir tauchten dort in grauer und brauner Alltagskleidung auf.

Mir kam der Autounfall meiner Schwester in den Sinn. Mein Vater hatte damals den Anruf der Klinik entgegengenommen und laut aufgeschrien und sich erst nach Minuten wieder einigermaßen fassen können. Doch am Krankenhausbett meiner Schwester, die mit zwei Beinbrüchen vergleichsweise glimpflich davongekommen war (ihre Freundin, die gefahren war, konnte erst über ein Jahr später wieder ohne Krücken gehen), machte mein Vater bloß wieder seine üblichen Scherze. Als ich meiner Schwester später von seinem Aufschrei erzählte, brach sie in Tränen aus.

Und die Sache mit Oswald, meinem Kaninchen. Ausgerechnet mein Vater hatte es, als es einmal krank geworden war und jede Nahrung verweigerte, jeden Abend mit Arbeitshandschuhen aus seinem Käfig gehoben, es auf seinen mit alten Decken gepolsterten Schoß genommen und mit einer Nährflüssigkeit geduldig wieder aufgepäppelt. Doch als ich das Jahre später als ein Beispiel dafür erwähnte, dass er in Wahrheit viel weicher war, als er die meiste Zeit vorgab, meinte er: »Welches Kaninchen? Du träumst wohl.«

Es war eigentlich verrückt, wie weit er ging, um sich zu verleugnen. Doch meine Mutter, Schwester und ich hatten ihn bei solchen Gelegenheiten nie in die Enge getrieben. Seine Verletzlichkeit war immer so offensichtlich gewesen, dass wir vor ihr zurückgeschreckt waren.

Im Grunde schreckte ich bis heute vor ihr zurück. Ich wusste ja nicht, was es ihn gekostet hatte, die eigene Vergangenheit zu überleben. Ich wusste bloß, dass er offenbar versuchte, keine Schwächen zuzugeben und den Blick zurück zu meiden.

Vielleicht deswegen tauschte er auch immer schon nach wenigen Jahren seine Autos, kaufte er sich die immer neusten Fernseher, besaßen meine Eltern nach ihrem Umzug eine komplett neue Einrichtung.

Er wollte etwas unbedingt hinter sich lassen, von dem ich unbedingt erfahren wollte.

Dieser Widerspruch lähmte mich.

Mein Vater und ich blickten uns zunehmend ratlos an. Ich war ziemlich erleichtert, als plötzlich der aufdringliche Jingle von »Wer wird Millionär« aus der Erdgeschosswohnung unter uns durch die Decke drang. Der sogleich aufflammende Ärger meines Vaters über die mangelnde Schallisolierung (er tauschte bereits drohende Schreiben mit dem Bauträger) entfachte auch seinen latenten Groll auf die Günther Jauch anhimmelnden Nachbarn und lenkte unsere stockende Unterhaltung wieder in vertraute Bahnen, wo sie sogleich viel flüssiger verlief.

*

Oft wenn mein Vater und ich zusammen waren, gerieten wir in die immer gleichen Konflikte. Meine Mutter und Schwester empfanden dann bloß die Zwietracht und konnten nicht verstehen, dass wir uns nur in solchen, für mein Empfinden jedenfalls, mehr spielerischen als ernsten Streits über Managergehälter und Menschenwürde, Rentenbezüge und Mindestlohn auf unsere Weise nahe waren.

Diesmal brachten uns die Klagen meines Vaters über die Nachbarn dahin. Bei diesen handelte es sich um einen ehemaligen Beamten der Bundespost, der nach deren Privatisierung in den 1990ern noch einige Jahre Anschlüsse für die Telekom verlegt hatte, dann aber noch vor der Jahrtausendwende mit Anfang vierzig und ohne wesentliche Abzüge aufgrund eines Sondergesetzes zum Vorteil der Telekomaktionäre in den vorzeitigen Ruhestand versetzt worden war. Seitdem genoss er zusammen mit seiner Frau, einer auf wundersame Weise nur ein Jahr nach der Frühpensionierung ihres Mannes aufgrund einer sie angeblich quälenden Migräne berufsunfähig gewordenen ehemaligen städtischen Verwaltungsangestellten, einen langen, wohlversorgten, von Migräneanfällen ungestörten Ruhestand. Die beiden waren, wohl zum Glück für meine Eltern, selten zuhause. Die meiste Zeit verbrachten sie entweder auf einem Aida-Kreuzfahrtschiff, wo sie – zu ihrer bei jeder auch nur entfernt passenden Gelegenheit geäußerten Befriedigung – längst die Vorzugsbehandlung von Goldclub-Mitgliedern erfuhren, oder auf Reisen in ihrem Campingmobil auf Basis eines Mercedes Sprinter, das sich auch mein Vater gerne gekauft hätte, aber nicht leisten konnte.

Mein Vater neigte nicht zu Missgunst. Oft schon hatte mich erstaunt, wie gelassen er die mit seiner Herkunft verbundenen Benachteiligungen hinnahm. Den Großteil seines Lebens hatte er weit unter seinen Fähigkeiten und einem ständig zu Boden blickenden, schon bei kleinster Belastung schwitzenden Chef gearbeitet, der meinem Vater nicht aufgrund seines tatsächlichen Könnens oder überlegenen Wissens, sondern nur aufgrund eines in Meschede im Sauerland mit Ach und Krach, wie mein Vater erfahren hatte, abgeschlossenen Fachhochschulstudiums vorgesetzt worden war. Mein Vater hatte dies die meiste Zeit als halbwegs verständlichen Lauf der Welt akzeptiert. Er hatte eben nicht studiert.

Dabei wusste ich von Alf, dass der Kinder befingernde Pfarrer Winfried hatte überreden wollen, wenigstens diesen Sohn aufs Gymnasium zu schicken. Doch mein Großvater hatte davon nichts wissen wollen und meinen Vater gleich nach der achten Klasse beim alten, ununterbrochen Weinbrand aus Kaffeetassen schlürfenden Pikarek in die Lehre geschickt, wo er Radio- und Fernsehtechniker lernen sollte, nicht aus persönlicher Neigung oder weil es beruflich besonders vielversprechend gewesen wäre, sondern einfach deshalb, weil das Geschäft von Pikarek zu Fuß zu erreichen gewesen war. Wenigstens brauchte man so kein Geld für Bus- oder Zugfahrten auszugeben.

Als einziger Angestellter war mein Vater in Pikareks auf filmreife Weise zugemülltem Schuppen im Hinterhof, wo er ohne Heizung auch im Winter alle Reparaturen zu besorgen hatte, von Montag bis Samstag und meist bis in die Abendstunden wie lebendig begraben gewesen. Selbstverständlich war ihm von seinem Lohn, jedenfalls solange er noch zuhause wohnte, bloß ein kleines, von Winfried bemessenes Taschengeld geblieben. Mein Vater trug schon ab dem zweiten Lehrjahr, also mit gerade fünfzehn, das ganze chaotische, aber in Beifang eben auch konkurrenzlose Fernseherreparaturgeschäft auf seinen Schultern und machte, spätestens nachdem er noch vor seinem achtzehnten Geburtstag selbst Vater wurde und in die Verantwortung für eine eigene Familie hineingestolpert war, so viele, aus heutiger Sicht skandalös schlecht entlohnte Überstunden wie nur möglich, um das Geld anzusparen, das er Jahre später in den Aus- und Umbau des Zechenhauses seiner Schwiegermutter stecken sollte.

Mit Anfang dreißig, unser Haus war saniert und ausgebaut, bildete er sich in Fernkursen zum Industriemeister weiter. Die Abbruchquote in seiner Klasse lag bei 90 Prozent. Von den anfangs zwanzig Schülern hielten nur der »Pingelige« aus Würzburg und eben mein Vater durch. Diese Anstrengung verhalf ihm zu der Anstellung bei Rethmann, wo er, fünfunddreißig Jahre, ohne befördert zu werden, hauptsächlich den Einbau und die Wartung von Müllsortieranlagen koordinierte, die mit der Zeit technisch derartig komplex wurden, dass weder mein Vater noch sein Chef ihre Funktionsweise noch durchschauten. Fortan bestand ihre Arbeit darin, die eingesetzten Fremdfirmen einfach machen zu lassen, aber gleichzeitig durch eine umfangreiche Dokumentation ihres in der Sache gar nicht geleisteten Controllings sicherzustellen, dass, sollte etwas schiefgehen, keine Verantwortung bei ihnen hängen blieb. Den Rest seiner Arbeitszeit brachte mein Vater damit zu, mit anderen Abteilungen darüber zu feilschen, wem er seine nicht geleistete Arbeit firmenintern in Rechnung stellen konnte, damit er die Zielvorgaben des Managements an die von ihm unbedingt abzurechnenden Stunden auch erfüllte.

Die Enttäuschungen und Unsinnigkeiten seines Berufslebens hatte mein Vater irgendwie hingenommen. Er machte nicht den verbreiteten Fehler, die grundsätzliche Ungerechtigkeit des Lebens als etwas Persönliches misszuverstehen. Er hatte sich Autos kaufen, in Urlaub fahren, Frau und Kinder zu Weihnachten und ihren Geburtstagen beschenken können. Die meisten seiner Geschwister konnten das nicht. Doch die Tatsache, dass er nach neunundvierzig Jahren in Festanstellung, in denen er durchgehend in die Rentenkasse eingezahlt hatte, nun als Ruheständler tatsächlich kaum mehr Geld zur Verfügung hatte, als er es hätte, würden meine Mutter und er, ohne je auch nur einen Tag gearbeitet zu haben, Sozialhilfe beziehen, und gleichzeitig einen Nachbarn neben sich wusste, der nach wenigen Berufsjahren mit einer kaum gekürzten Beamtenpension so viel besser dastand als er, störte seinen Gerechtigkeitssinn.

Ich konnte das nachvollziehen. Gleichwohl behauptete ich: »Natürlich hattest du es nicht leicht. Du bist ein spezieller Fall. Aber insgesamt kannst du dich doch nicht beschweren. Du gehörst doch zur goldenen Generation. Selbst als Arbeiter hast du vergleichsweise aus dem Vollen gelebt.«

»Was? Wo denn? Du träumst wohl! Ich wurde vierzig Jahre jeden Tag für über zehn Stunden weggesperrt. Schlimmer als lebenslänglich. Und muss heute trotzdem jeden Euro umdrehen.«

Ich lachte und dachte an den Tag der offenen Tür bei Rethmann, als meine Schwester und ich ihn in seinem dämmrigen, von einer surrenden Neonröhre nur zum Teil erleuchteten, bloß mit einem metallenen Schreibtisch, einem Stuhl und einem Aktenschrank möblierten, im Souterrain gelegenen, aber fast klassenzimmergroßen Büro besucht hatten, vor dessen vergitterten Halbfenstern die ganze Zeit über Müllwagen und Gabelstapler vorbeigescheppert waren.

»Das mag sein. Aber du bekamst dafür auch noch dreizehnkommafünf oder so Gehälter, über dreißig Urlaubstage und für eine 38-Stunden-Woche ein Gehalt, das viele heute auch mit einem Studium nicht erreichen.«

»Wen meinst du mit den vielen – dich?«

Meine Wangen schmerzten bei dem Versuch zu lächeln. Ich blickte zur Seite auf die Arbeitsplatte neben dem Herd, ein Marmorimitat. Lange hatte ich aus dem schäbigen Erbe meines Vaters die Freiheit abgeleitet, selbst bestimmen zu können, wer ich sein und wie ich leben will. In unserer Familie gab es keine Erwartungen und Traditionen, die üblicherweise mit Besitz und Vermögen verbunden sind. Doch ich hatte überhaupt nichts aus dieser Freiheit gemacht, und das war zwar keine neue, aber eine mich immer wieder aufs Neue beschämende Erkenntnis.

»Ja. Offensichtlich.«

Ein Geräusch an der Wohnungstür ließ uns beide den Kopf wenden. Meine Mutter, in Sportkleidung, trug eine Korbtasche mit Einkäufen herein. Sie war auf dem Rückweg von ihrer Gymnastik über den Markt gefahren und legte nun, nachdem sie mich eher flüchtig mit einer halben Umarmung begrüßt hatte, Kartoffeln, Zutaten für einen Salat und Lachsfilets auf die Kücheninsel. Sobald sie damit fertig war, blickte sie mich an, um zu verkünden, dass das Mittagessen in einer halben Stunde fertig sei.

»Ich wollte eigentlich gleich los.«

»Wohin?«

»Kalle. Danach bin ich auch noch mit Gunter verabredet.«

Für einen Moment wirkte meine Mutter wie erstarrt, sie blickte auf etwas, das für mich unsichtbar irgendwo oberhalb ihrer Nasenspitze zu schweben schien. Ich hatte ihr bereits am Telefon von meinem Plan erzählt, und sie hatte mich eindringlich davor gewarnt, *schlafende Hunde* zu wecken. Doch ich hatte darauf bestanden, von der Vergangenheit zu erfahren, die immerhin auch meine Geschichte war. Gleichwohl war sie nun überrascht, sie hatte vermutlich nicht damit gerechnet, dass ich meine Ankündigung auch tatsächlich wahr machte. Hatte sie darauf gezählt, Andrea könnte mich mit einem Anruf abhalten?

»Weißt du, in welche Lage du uns bringst?«

»Nein, und ich verstehe auch nicht, was du damit meinst.« Ich wandte mich an meinen Vater. »Hast du auch Bedenken? Ist das irgendwie gefährlich?«

Er hob die Schultern. »Ja, also, ich glaube eigentlich nicht.«

Meine Mutter stieß hörbar Luft mit der Nase aus und klapperte empört mit einem Kochtopf. Mehr zu sich als zu mir sagte sie: »Auf uns nimmst du ja sowieso nie Rücksicht.«

Ich ließ das unkommentiert, aber blieb wenigstens zum Essen, um keine ernsthafte Verstimmung zu provozieren. Natürlich musste ich dann am Tisch ihre angeblich nie verletzend gemeinten, aber in ihrer penetranten Unbekümmertheit mich doch schmerzhaft treffenden Fragen zu Vincent tolerieren, doch immerhin waren der Lachs und der Salat köstlich.

6.

Ich stand vor dem *Akropolis Grill*, wo es Anfang der Neunziger immer dienstags *Gyros all you can eat* für drei oder vier Mark neunzig gegeben hatte, jedenfalls so lange, bis der Wirt angesichts des heuschreckenartigen Andrangs hungriger Jugendlicher aus Beifang zu der Einsicht gekommen war, dass sich die Aktion für ihn überhaupt nicht rechnete.

Plötzlich erschreckte mich eine Hand, die mir auf die Schulter klopfte. Ich drehte mich um. Vor mir stand ein Mann mit langen Haaren, abgeschnittenen Jeans und einem übergroßen weißen T-Shirt. Hatte mich Kalle abgepasst?

Mein Onkel führte mich in seine kleine, über dem Grill gelegene Einraumwohnung, wo es auf den ersten Blick vor allem viele Bücher gab, Gesamtausgaben von Nietzsche und Marx, Werke von Eckhart Tolle und Jon Kabat-Zinn, aber vor allem Sachbücher über den Zweiten Weltkrieg. Zwischen den beiden Fenstern stand eine Staffelei, auf der eine unberührte weiße Leinwand strahlte.

Kalle angelte für mich mit dem Fuß einen Stuhl herbei und setzte sich selbst auf eine Art Feldbett, auf dem ein kleines Kissen und eine gefaltete graue Wolldecke lagen. Als Erstes erklärte er, er sei jetzt von meiner Tante Insa getrennt.

»Das tut mir leid.«

»Warum? Tommi und seine Doreen aus Cottbus haben wohl ein Kind bekommen. Ich bin Opa. Aber habe meinen Enkel noch nicht gesehen.«

Er lachte, und ich lachte komischerweise auch, obwohl mir überhaupt nicht danach zumute war. Er deutete mit dem Kopf zur Staffelei.

»Dafür habe ich endlich ganz viel Zeit zu malen.«

Wir betrachteten die unberührte Leinwand. Dann sah mich Kalle an.Ich hatte das Gefühl, er erwartete von mir ein Zeichen der Ermutigung.

Ich hob meine Schultern.

»Was malst du?«

Kalle gehörte anscheinend zu den Menschen, die auf Fragen niemals direkt eingehen. Denn anstatt zu antworten, legte er mir erst einmal ausführlich dar, wie er als Briefträger mit einer nunmehr seit dreißig Jahren im Wesentlichen unverändert gebliebenen Tour nach einem sportlichen Kraftakt auf dem Postfahrrad oft schon vormittags alle Briefe ausgefahren hatte und dann im stillen Einvernehmen mit seinen Vorgesetzten frei für einen gleichsam taglangen Feierabend war.

»Ich bin aber nicht faul, ich nutze die Zeit. Es geht um die Träume, weißt du.«

»Nicht so richtig.«

»Die Träume vom Alten. Weißt du nicht, dass nicht bloß Gefühle und Traumata, sondern eben auch Bilder an die Nachkommen weitergegeben werden?«

Ich war verdutzt. Davon wusste ich tatsächlich nichts.

»Und was sind das dann für Bilder?«

»Ich sag dir was. Kunst, also richtige Kunst, nicht so ausgedachter Dreck, kommt nicht von oben, da ist nichts mit Eingebung oder Gnade. Es kommt einzig darauf an, was man aus der Tiefe heraufholt. Aus den Schichten, die uns mit allen verbinden. Dort in der Tiefe, da steckt die Wahrheit, weißt du?«

Ich blickte erstaunt.

»Du denkst, dass es in der Kunst um eine Position geht, die natürlich bloß vom Standpunkt abhängt!«

Kalles Augen blitzten zornig.

»So eine gequirlte Scheiße erzählt man sich wohl in Berlin. Aber die Wahrheit verschwindet nicht, weil ein paar Wichtigtuer und Selbstdarsteller sie bestreiten.«

Ich gab gerne zu, dass Berlin voller Selbstdarsteller und Wichtigtuer war.

Er nickte zufrieden.

»Wenn du wüsstest, mit was ich mich hier erst herumschlage.«

Ich wartete, um ihn nicht durch eine voreilige Bemerkung aufzuregen, und sagte erst nach einer Weile: »Das würde ich gerne wissen.«

»Was?«

»Womit du dich herumschlägst.«

»Ja, das würdest du gerne wissen!«

Ich nickte stumm.

Nach einer Weile seufzte er und meinte: »Es ist ganz schrecklich. Weißt du, was er im Krieg war?«

»Wer?«

»Na, Winfried!«

Kalle brüllte beinahe. Er schien nicht begreifen zu können, warum ich so begriffsstutzig war, standen in seinen Augen alle seine Äußerungen doch in einem zwingenden Zusammenhang.

»Nein, aber Alf meint, dass er vielleicht bei der SS gewesen sein könnte.«

»Quatsch.«

»Er behauptet, bei euch hing so ein Bild im Wohnzimmer. Winfried in schneidiger Uniform.«

»Nun, brutal war er ja. Jedenfalls, wenn Mami ihn dazu antrieb. Für die galt: Wer sein Kind liebt, der züchtigt es. Vor allem bei schlechten Noten. Ich glaube, sie wollte bei mir nicht denselben Fehler wie bei Gunter machen, der zwar hochintelligent, aber am Ende eben doch bloß ein weiterer Schulabbrecher war. Nur hatte ich in der Schule überhaupt keine Chance. Ich war ja schon der x-te Zimmermann, der da durchlief. Die Lehrer hatten von uns die Schnauze voll. Sie sahen in mir nur einen weiteren Problemschüler, der oft fehlen, nie Hausaufgaben machen und kein Geld für Schulhefte, Stifte und Bücher haben wird. Setzen, sechs.«

Kalle versank in ein langes Schweigen. Ich wunderte mich, dass er offenbar meine Großmutter für alle Gewalt verantwortlich machte.

Es war, als könnte Kalle meine Gedanken hören: »Mami war ein hartes Stück. Ich weiß noch, dass ich Weihnachten an einem Kuchen oder so genascht habe, der zum Abkühlen in der Küche stand, und da hat Mami dann mit einem Kochlöffel auf mich eingehauen, bis der zerbrochen war, was sie erst so richtig wild gemacht hat. Die hat mich an den Haaren gepackt und mit dem Kopf gegen das Spülbecken gerammt. Papi musste dazwischengehen. Sie hat mich dennoch in den Schuppen gesperrt, wo ich auch während der Bescherung bleiben musste. Sie war da durch nichts zu erweichen. Papi hat mir aber immerhin heimlich etwas Essen gebracht.«

Wieder versank er in ein Schweigen, aus dem er ebenso unvermittelt wieder auftauchte.

»Aber die Mami war auch so frustriert. Sie war ihrer Zeit voraus. Die war für Emanzipation, hatte eigentlich Ärztin oder so werden wollen.«

Er sah mich mit großen Augen an.

»Nur verstehe ich die Emanzen heute nicht. Sie fordern, Frauen sollen Karriere machen. Aber wer macht denn Karriere? Doch kaum ein Mann, wenn man ehrlich ist. Von hundert arbeiten vielleicht vier oder fünf wirklich gerne und haben Ehrgeiz. Der Rest fährt Müllwagen, reinigt die Kanalisation oder steht am Hochofen. Ist das Karriere? Wollen die Frauen das? Ich glaube nicht.«

»Ich weiß nicht«, bemerkte ich etwas erschöpft. Es wurde mühsam, seinen Gedankensprüngen zu folgen. Bevor er atemlos von wieder etwas ganz anderem zu sprechen anfing, versuchte ich, sein scheinbar grenzenloses Redebedürfnis auf ein auch für mich interessanteres Thema zu lenken, und fragte unvermittelt, was er von den Gerüchten um Raffi und seinen Vater hielt. Aber der mögliche Vatermord durch seinen Bruder interessierte Kalle nicht sonderlich.

»Kann sein. Kann auch nicht sein. Raffi kann mir gestohlen bleiben. Was ist der Unterschied?«

»Dass euer Bruder ein Verbrecher wäre.«

Kalle wackelte mit dem Kopf.

»Ja, was für ein Quatsch. Der Kerl war schon als Junge nicht ganz richtig in der Birne.«

Ich verstand nicht, was er damit meinte, aber noch bevor ich etwas fragen konnte, sagte er: »Aber gut. Willst du jetzt endlich meine Bilder sehen?«

Offenbar nahm er an, dass dies der eigentliche Anlass meines Besuchs war.

Wir stiegen hinauf bis unter das Dach, wo er für kleines Geld den ehemaligen Wäscheboden gemietet hatte. Ich hatte mir seine Bilder als abstrakte, abgründige, in dunklen Farben geformte Seelenzustände vorgestellt; doch was ich zunächst zu sehen bekam, waren farbige, sonnendurchflutete, fast idyllische Szenen. Es waren hauptsächlich Landschaften, die in Details – einem Gebäude im neobyzantinischen Baustil, einem Mann mit gegürtetem Bauernhemd – erkennbar russisch waren. Erst auf den zweiten oder dritten Blick nahm ich darauf auch Spuren des Krieges wahr, einen Toten im Graben oder einen liegen gebliebenen Panzer, verdeckt von Sträuchern, weit im Hintergrund. Ich war unsicher, was von diesen Bildern zu halten war, doch rein technisch wirkten sie erstaunlich makellos. In meinen – allerdings wenig geschulten – Augen hätten sie auch in einem großen Museum hängen können.

In dem Raum lagerten sicher Hunderte Leinwände. Kalle stieg auf eine Leiter und suchte etwas in einem eingezogenen Hängeboden.

»Hier, sieh mal.«

Er stieg mit drei Leinwänden herab und stellte sie nebeneinander an die Wand. Auf allen erkannte ich Hitler, porträtiert als alternder Biedermann. Auf dem linken Werk saß er mit einem Glas Bismarckheringen, Gürkchen und Pumpernickel unter dem Bild eines unbekleideten Jünglings in einer Kücheneckbank beim Abendbrot. Auf dem mittleren war er, mit Wärmeflasche auf dem Schoß, Pantoffeln an den Füßen, Speichelfäden zwischen den offen stehenden Lippen, in einem großen Ohrensessel eingenickt. Und auf dem rechten beugte er sich mit herabhängenden Hosenträgern und nachdenklicher Miene über eine Kloschüssel, eine braun gesprenkelte Klobürste in der Hand.

»Papi war zunächst absolut für den Kerl. Aber das heißt nicht, dass er Nazi war. Es gibt ja diesen furchtbaren Geschichtskitsch, gerade im Fernsehen. Da sind die jungen Leute unpolitische Naivlinge, die sozusagen als Opferlämmer nach Osten marschieren. Mit nichts als guten Absichten. Und plötzlich erleben sie das Grauen. Aber Hitler wurde vor dem Krieg geliebt. Gerade von den jungen Leuten. Die Jungen wollten sich Europa unter den Nagel reißen und wussten genau, dass dies nur mit Gewalt ging. Viele von ihnen wollten auch die

Juden vertreiben. Vielleicht nicht gleich umbringen, aber weg sollten sie schon.«

»Auch Winfried?«

»Weiß nicht. Aber ganz sicher träumte er davon, aufzusteigen durch den Krieg. Vielleicht nachher im Osten ein Gut besitzen. Sein eigener Herr sein. Er sah unter Hitler *Opportunities*, wie der Ami sagt. Da waren die Bedenken leicht hintenangestellt. Statt die nächsten dreißig Jahre jeden Morgen um sechs in die Zechengrube einzufahren, wollte Papi schalten und walten. Hat halt nicht geklappt. Aber hätte es zum Sieg gereicht und er seinen Teil der Beute erhalten – ich glaube, er hätte mit allem anderen leben können. Wie eben die meisten. Auch wenn er Hitler und seine Schergen dann irgendwann schon schrecklich fand.«

»Hat er darüber mit euch gesprochen?«

»Ne, der hat sich dann über Politik keine Gedanken mehr gemacht. Für ihn war ja da nichts mehr im Spiel. Aus und vorbei. Vergangen und vergessen. Und die Schuld blieb liegen, und jemand wie ich musste sie aufheben und versucht seitdem verzweifelt, sie irgendwie wieder loszuwerden.«

Weil mir darauf nicht gleich etwas zu sagen einfiel, sah ich mir noch ein paar Bilder an, zunehmend unsicher, mit welcher Qualität ich es hier zu tun hatte.

Mein prüfender Blick schien Kalle an sein eigentliches Problem zu erinnern.

»Natürlich werde ich mein Zeug nie ausstellen. Das habe ich mir abgeschminkt. Ich bin ein alter weißer Mann. Ich müsste Frau oder ein Flüchtling oder auch bloß Jude sein. Dann würde man sich um meine Bilder reißen. Heute geht es um Randgruppenzugehörigkeit. Um Opfersein. Also eigentlich Selbstmitleid. Ich bin da anders groß geworden. Da zählte noch Selbstüberwindung und Leistung. Nicht, wer am lautesten rumheult. Ich meine, Michelangelo hat ja auch nicht über Rückenschmerzen geklagt, wenn er sich über Jahre jeden Tag auf ein zwanzig Meter hohes, wackliges Gerüst gequält hat, um im Liegen und bei rußenden Kerzen die Fresken in der Sixtinischen Kapelle zu malen. Er hat es einfach getan.«

Kalles Größenwahn beunruhigte mich. Wohl auch, weil ich selbst solange an einer verstiegenen Selbsteinschätzung gelitten hatte. Nach meinem Literaturstudium hatte ich die begehrte Stelle als wissenschaftlicher Mitarbeiter an einem Lehrstuhl der Humboldt-Universität bereits nach wenigen Monaten gekündigt, um frei zu sein. Natürlich war meine Mutter in Sorge gewesen, wie ich ohne Arbeit mit der vagen Idee, Filmskripte zu schreiben, ein Auskommen finden sollte. Ich hatte ihr daraufhin geschrieben, dass sie sich um mich keine Gedanken machen müsse, ich sei schon ziemlich zäh und werde außerdem sicher weltberühmt.

Ich spürte, wie mir bei der Erinnerung an diesen Brief das Blut zu Kopf stieg.

»Ich muss bald los.«

»Okay, okay. Dann zieh los. Komm aber mal wieder. Es tut gut, mit jemand Intelligentem zu reden. Man ist ja hier sein Leben lang nur von Dummköpfen umgeben.«

7.

Da Gunter nur zwei, drei Steinwürfe entfernt vom Hauptbahnhof wohnte, wollte ich mit dem Zug nach Dortmund fahren. Als ich aus Kalles Haus auf die Straße trat, überlegte ich kurz, welcher der beiden Selmer Bahnhöfe schneller zu erreichen war. Ich war unsicher und entschied mich für Beifang.

Die Existenz zweier Bahnhöfe in einer Kleinstadt, nur wenige hundert Meter Luftlinie voneinander entfernt, verdankte sich einer beharrlichen Dreistigkeit. Anfang des letzten Jahrhunderts hatte man in Selm damit begonnen, Steinkohle abzubauen. Die benötigten Bergleute waren vor allem aus dem preußischen Osten gekommen und mit ihren Familien in der rasch gebauten Zechensiedlung auf dem Gebiet der außerhalb des Dorfes gelegenen Bauernschaft *Beyfang* untergebracht worden. Als die Zeche Hermann 1926 den Betrieb einstellen musste, weil die Flöße ausgebeutet waren, heuerten die Bergleute in Lünen oder Dortmund an. Wer es sich leisten konnte (Winfried gehörte wohl nicht dazu), pendelte mit dem Zug auf der Strecke Gronau–Dortmund. Da die Bahn immer an der Kolonie vorbeirauschte und erst achthundert Meter später im noch bäuerlich geprägten Teil Selms anhielt, mussten die von der Arbeit unter Tage erschöpften Kumpel den Weg, den sie gerade mit der Bahn gefahren waren, wieder in der Gegenrichtung zu Fuß zurücklegen. Aber irgendwann kam einer der Bergleute auf die Idee, rechtzeitig in Höhe von Beifang die Notbremse zu ziehen und nahe bei den Zechenhäusern aus dem Zug zu springen. Fortan brachten die Männer jeden Nachmittag den Zug in Beifang zum Stehen, jahrelang, bis die entnervten Behörden schließlich aufgaben und in Selm einen zweiten Bahnhof genehmigten.

Auch wegen dieser Geschichte, die ich seit meiner frühen Kindheit kannte, war ich immer diffus auf meine Herkunft stolz gewesen. Als ich nach der Grundschule als Einziger meiner Grundschulklasse ins zehn Kilometer entfernte, katholisch geprägte, im Vergleich zu Beifang geradezu großbürgerlich wirkende Lüdinghausen aufs Gymnasium wechselte, nahm ich die abfällige Bemerkung eines älteren Lehrers, dass auf dem Friedhof in Beifang ja nur Selbstmörder und Totgeschlagene lägen, mit einem zufriedenen Lächeln hin. Aus meiner Sicht hätte man mich unter meinen neuen Schulkameraden gar nicht besser einführen können.

Ich mochte die Vorstellung, dass die Lüdinghausener Eltern vor jedem Wochenende fürchteten, ihre allmählich flügge werdenden Sprösslinge könnten in Beifang vor der Großraumdisko *Skylab* ins Koma geprügelt, von den Dealern im *Bierpub Royal* mit getrocknetem Tapetenkleister vergiftet oder im *Kronen*

Stübchen eines mir persönlich unbekannten Cousins von den wirklich fiesen Typen auf die schiefe Bahn geschubst werden. Beifang galt in den umliegenden Gemeinden als Sündenpfuhl, was zum Teil auch an einem gewissen Utze liegen mochte, der unter den Zimmermann-Söhnen eine Legende war. In den 1970ern hatte er im inzwischen längst abgerissenen *Kurhaus* am Ternscher See die naiven westfälischen Bürger- und Bauerntöchter mit Haschisch, Gitarrenklängen und Geschichten von seinen angeblichen Abenteuern in Nepal, Iran und Indien derart bezirzt, dass mein Vater und seine Brüder nicht ohne Bewunderung vermuteten, Utze müsse Vater von Hunderten Kindern sein, die davon allesamt nichts ahnten, weil ihre Mütter gerade noch rechtzeitig einen dummen Bauern zum Heiraten gefunden hatten.

*

Die zwanzigminütige Zugfahrt nach Dortmund verging mit solchen Erinnerungen wie ein Augenblick, und plötzlich, ohne innerlich darauf vorbereitet zu sein, stand ich vor der getönten, mit einem eingelassenen Drahtgeflecht verstärkten Glastür und drückte den Klingelknopf neben »G. Zimmermann«.

Ich dachte verblüfft, dass ich ganz und gar nicht einschätzen konnte, was mich erwartete.

Durch die Gegensprechanlage hörte ich die tiefe Stimme einer Frau. Ich erklärte, wer ich war. Als Antwort lärmte der Summer.

Meine Tante Christa – jedenfalls nahm ich an, dass sie es war, ich hatte sie bloß als Sechs- oder Siebenjähriger einmal gesehen – erwartete mich in der Tür zu der Wohnung im Hochparterre. Sie trug einen weitgeschnittenen Hosenanzug und sah, obwohl sie sicher um die siebzig sein musste, überraschend jugendlich aus. Als ich näher kam, bemerkte ich ihren leeren Blick, ein leichtes Schwanken und die überlange Asche an ihrer Zigarette. Sie winkte mich zerstreut hinein.

Ich folgte ihr durch einen dunklen, von Kisten zugestellten Flur ins zur vielbefahrenen Straße gelegene Wohnzimmer. Es war möbliert wie der Salon eines Pariser Penthouse in den 1970ern; allerdings drängten sich die schwarzlackierte Schrankwand, die Regale mit sicher tausenden von Schallplatten und das über Eck gehende, siebensitzige Sofa neben dem Glastischensemble auf höchstens zwanzig Quadratmeter zusammen. Meine Tante bemerkte den Blick, mit dem ich die leeren Flaschen und die Flecken auf dem nikotingelben Flokati betrachtete, und trieb mich mit einer Handbewegung wieder hinaus.

Wir standen unentschlossen im dunklen Flur, als ein Stöhnen aus einem Zimmer drang. Durch einen offenen Türspalt konnte ich das Gestänge eines Krankenbetts erkennen, wie es einem der Pflegedienst ins Haus lieferte, wenn man die Betreuung eines Angehörigen übernahm. Meine Tante ignorierte das Stöhnen und sah mich irgendwie erstaunt an.

»Wer bist du?«

»Frank. Ottos Sohn.«

»Otto? Welcher Otto?«

»Gunters Bruder.«

Wieder drang ein Geräusch aus dem Krankenzimmer, halb Krächzen, halb Räuspern.

Christa hob die Arme und verschwand widerwillig in dem Zimmer mit dem Krankenbett, wobei sie es – absichtlich? – unterließ, die Tür hinter sich zuzuziehen.

Ich wartete einige Minuten, ohne dass sie zurückkam. Vergeblich lauschte ich auf ein Geräusch. Normalerweise wäre ich wohl jetzt einfach wieder fortgegangen, aber ich hatte das Gefühl, mir selbst beweisen zu müssen, dass es mir mit meinem Besuch ernst war.

Ich betrat das Zimmer, in dem links mein Onkel Gunter – unrasiert, mit fettigen grauen langen Haaren und geschlossenen Augen – im Krankenbett lag und rechts meine Tante Christa auf einem Kanapee eingenickt zu sein schien.

Ihre Augen klappten unvermittelt auf und stellten sich kurz scharf.

»Wer bist du?«

»Frank. Ottos Sohn. Dein Neffe.«

Sie wirkte erstaunt.

»Otto ist dein Vater?«

»Genau.«

»Ah.« Sie nahm eine Schachtel Marlboro aus ihrem Hosenanzug und zündete sich eine an. »Dann sage ich dir mal was. Otto, dein Vater, hat sich immer für was Besseres gehalten, weil er in einem Haus lebte und mal in Amerika war.«

»Nun, kann sein, ja.«

»Und was willst du von mir?«

»Ich wollte eigentlich Gunter sehen.«

Sie wies auf das Bett. »Sieh.«

Ich besah mir kurz meinen Onkel, aber mit seiner grauen, grobporigen, von verschorften roten Flecken übersäten Gesichtshaut war er kein besonders angenehmer Anblick. Ich ließ meinen Blick im Zimmer schweifen, das zusätzlich zu dem Bett und Kanapee mit einem Fernseher auf einem Medienregal aus den Neunzigern, einem Bügelbrett, mehreren überquellenden Wäschekörben und bestimmt drei Dutzend leeren Rotweinflaschen zugestellt war. Auf dem Nachttisch neben Gunter war ein Bild von ihm aufgestellt, das ihn – mit Pelzmantel und umhängender Leica – vermutlich zu seiner legendären Zeit zeigte, als er, jedenfalls in Martins Erzählungen, Hurenhirte, Flaneur und Stammgast im VIP-Bereich von Borussia gewesen war.

»Ist Gunter krank?«

Christa nickte.

»Was hat er?«

Ihr Blick wurde feindselig.

»Was willst du eigentlich? Warum tauchst du hier plötzlich auf? Ich habe Otto nicht mehr gesehen, seitdem der Laden dicht ist. Wegen uns kam der bestimmt nicht.«

Sie lachte abschätzig, betrachtete im nächsten Moment verdutzt ihre bis auf den Filter heruntergebrannte Zigarette, steckte den Stummel in ihre Anzugtasche, kramte die Schachtel Marlboro hervor und zündete sich eine neue Zigarette an.

»Nun ja, ich wollte wissen, wie mein Vater groß geworden ist. Wie es damals war.«

»Beschissen.«

»Ja, aber beschissen warum?«

Sie betrachtete mich mit verengten Augen.

»Bist du nicht der Filmer?«

»Filmer? Was? Nein.«

»Doch, ich bin sicher, dass du beim Film bist.«

Es war mir ein Rätsel, wie sie darauf kam. Zwar hatte ich mich einmal auf einer Filmhochschule beworben, war aber nicht genommen worden. Selbst meine Eltern wussten nichts davon.

»Sicher?«

»Ziemlich. Ah … Und was willst du?«

»Gunter fragen, ob er ein bestimmtes Foto von Winfried besitzt. In Uniform. Das damals im Haus auf dem Bockmühlenweg wohl neben dem Ofen hing. Alf meinte, dass er darauf vielleicht eine SS-Uniform anhatte.«

»Das Foto kenn ich!«

»Ja?«

»Ich trau dem Alten jede Schweinerei zu. Aber SS? Glaub nicht, dass der Versager es in so einen elitären Verein geschafft hat.«

»Gibt es denn das Foto noch?«

Gunter gab plötzlich ein lautes Stöhnen von sich.

Christa überlegte.

»Komm mal mit. Vielleicht finden wir es.«

Sie bemerkte meinen Blick.

»Das bedeutet nichts. Dein Onkel stöhnt den ganzen

Tag. Der merkt nichts. Erkennt niemanden. Nicht mal mich. Schade, dass du nicht früher gekommen bist. Er hätte sich bestimmt gerne mit dir über Filme unterhalten.«

Während wir über die halbe Treppe hinunter ins Erdgeschoss und von dort durch eine Tür in den Hinterhof zu den in zwei langen, sich gegenüberliegenden Reihen angeordneten Garagen gingen, dachte ich, dass der bettlägerige Gunter in der Obhut meiner ihn die längste Zeit schon verabscheuenden Tante womöglich in einer Art Hölle auf Erden schmorte, aber dass dies jedermann, und nun auch ich, einfach so hinnahm, weil wegzusehen so viel einfacher war als einzuschreiten.

Das Quietschen eines Garagentors schreckte mich aus solchen Gedanken auf. Ich blickte in das Halbdunkel eines quadratischen Raums. Alle Wände waren bis zur Decke zugestellt mit tiefen Holzregalen, in denen sich unzählige Umzugskisten stapelten.

»Hast du Zeit mitgebracht?«

»Ein wenig.«

»Dann tob dich aus. Die Sachen der Alten müssten irgendwo in diesen Kisten sein.«

»Gibt es eine bestimmte Ordnung?«

»Nein. Das hier war alles im Keller vom Kino. Die Helfer haben das Zeug bei der Auflösung einfach in Kisten gepackt. Ich habe es noch gar nicht durchgeschaut.«

Ich zog aufs Geratewohl einen überraschend schweren Karton aus dem Regal, der voller Fotos war. Allerdings nicht von meinen Großeltern, sondern von schockierend unansehnlichen Menschen bei allen möglichen sexuellen Handlungen. Ich schaute zu meiner Tante auf, die eine weitere Zigarette rauchte, öffnete einen anderen Karton und stieß auf weitere Pornobildchen.

»Gunter hat so unter der Hand damit gehandelt. Das Zeug hat sich früher richtig gut verkauft. Dann kamen die Computer, und seitdem stapelt es sich.«

Ich wühlte mich unter den – jedenfalls in meiner Einbildung – boshaft blitzenden Augen meiner verdächtig vergnügt wirkenden Tante durch die Zeugnisse sexueller Obsessionen, von denen ich lieber nie erfahren hätte. Ich hatte angenommen, durch das Internet mit den meisten Perversionen und Fetischen wenigstens flüchtig vertraut zu sein, doch das war ein Irrtum gewesen, erkannte ich.

Ich blickte auf und bemerkte erst jetzt Christas Abwesenheit. Sollte ich nicht auch einfach gehen? Ich dachte, selbst wenn Winfried in der SS gewesen sein sollte, was änderte das? Mit sechzehn, siebzehn ist jeder verführbar. Er mochte gemordet, gewütet, vergewaltigt haben – doch wollte ich das aus der Ferne einer anderen Zeit verurteilen? Letztlich machen die Umstände die Tat – und von denen würde ich, sosehr ich mich auch bemühte, nie mehr als eine schwache Ahnung haben.

Christa kehrte mit zwei Gläsern und einer Flasche Weinbrand aus dem Discounter zurück.

»Trinkst du mit?«

Ich nahm ihr ein Glas ab, lächelte und und schüttelte den Kopf, weil das alles so merkwürdig war.

»Warum interessierst du dich für diese Sippe? Erklär mir das mal. Ich meine, ich habe im Bockmühlenweg gewohnt. Zwei Jahre. Und alles mitbekommen. Asoziale, sag ich dir.«

Sie bückte sich nach einem Foto, das auf den Boden gefallen war, auf dem ein Mann zu sehen war, der eine Schnapsflasche in eine Frau versenkte, und goss sich Weinbrand nach.

»Weißt du, dass Gunter hochbegabt war, in der Schule?«

»Er hat eine Klasse übersprungen, oder?«

»Zwei. Um so ein Kind hätte man sich kümmern müssen. Rosa wollte das. Sie hat sich ja am Anfang noch mit den Kindern hingesetzt und Schularbeiten gemacht. Rosa war eine kluge Frau. Sie wollte Kinderärztin werden. Hätte es werden können. Nach dem Krieg. Sie kam ja aus keinem schlechten Elternhaus. Geschäftsinhaber. Lehrer. Priester. Angesehene Leute. Nur ist sie dann eben diesem Tunichtgut auf den Leim gegangen. Als naive Schwesternschülerin. Sie hat seine Räuberpistolen aus dem Krieg wohl anfangs noch geglaubt. Warum auch nicht? Welche Heldentaten er da vollbracht hat! Welche Zukunft er vor sich hat! Er hat einfach nicht lockergelassen und sie umschmeichelt, bis sie ihn rangelassen hat. Und natürlich wurde sie schwanger. Denn fruchtbar wie die Karnickel waren die beiden ja.«

Sie winkte mit der Flasche, und ich hielt ihr mein Glas hin.

»Rosas Eltern haben der Hochzeit dann notgedrungen zugestimmt. Katholisch, wie die waren. Dabei wussten sie, dass das mit diesem Heini kein gutes Ende nimmt. Und irgendwann haben sie dann den Kontakt abgebrochen. Sie konnten das nicht mehr mit ansehen. Die Verwahrlosung. Immer neue Kinder. Obwohl ja schon für die vorhandenen nichts da war.«

Ich öffnete den Mund, um etwas zu sagen, trank aber dann bloß einen Schluck.

»Jemand wie Gunter ist in so einem Saustall vor die Hunde gegangen. Er hätte ein wenig Aufmerksamkeit gebraucht. Ein Priester in der Schule, oder wo das war, merkte das, klar. Der wollte Winfried dann aufs Internat holen. Die Pater oder die Kirche oder wer auch immer hätten für alles bezahlt. Aber Winfried beschimpfte die bloß als Bande von Kinderfickern und wollte nichts mehr davon hören. Das war typisch für den Alten. Steine in den Weg legen, Leben ruinieren, das konnte der. Und sogar sehr gut. Wusstest du das?«

»Ich weiß nicht.«

»Natürlich nicht. Rosa wurde noch Mutter, als sie längst Großmutter war. Wusstest du das?«

Ich schüttelte den Kopf.

»Rosa hat mich gehasst. Und ich sie. Wusstest du das?«

Ich machte mir nicht mehr die Mühe einer Antwort.

»Aber inzwischen ist das egal. Ich verstehe sie. Sie musste hart sein. Damals hat sie auch ganz schön ausgeteilt. Wir beide eigentlich. Sie war frustriert. Hart zu den Kindern. Und zu dem Alten. Dem hat sie es kräftig gegeben. Sie hat ihn wirklich verachtet, irgendwann. Ich meine, für den Unfall konnte er ja nichts. Auch dafür nicht, dass er nicht mehr unter Tage einfahren konnte, danach. Das Bein war eben hin. Aber dass er sich dann nicht einmal ein Jahr als Korbführer gehalten hat. Das hat sie übel genommen.«

»Korbführer?«

»Ja, der hat den Korb bedient. Nach seinem Unfall. Wusstest du das nicht? Das Ding, mit dem die Kumpel in die Grube gelassen werden. Da hat man natürlich zwischendurch viel Zeit und wohl auch Langeweile. Und einmal hat er sich halt eine Flasche Korn besorgt, um sich einen Lauen zu machen. Nur war er dann so besoffen, dass er den Korb mit viel zu viel Schwung hinabließ. Unten sind die Männer mit einem Knall aus dem Korb geflogen, so heftig hat der aufgesetzt. Danach haben sie ihn nur nach viel Bitten und Betteln von Rosa noch zurückgenommen. Als Mädchen für alles in der Waschkaue. Dort musste er nach dem Duschen die Böden aufwischen und sehen, dass immer Handtücher und Seife bereitlagen. Solche Sachen. Eine Demütigung. Und dafür hat er dann nicht einmal die Hälfte seines früheren Lohns bekommen. Trotzdem ging das mit den Kindern immer weiter. Der reine Irrsinn.«

Christa kippte das Glas und blickte sich um.

»Was ist, willst du weitersuchen?«

»Sind denn da wirklich die Familienfotos darunter, glaubst du?«

Christa sah mich an, durchaus mit einer gewissen Wärme, wie ich fand, die vielleicht mit einem Anflug von Sympathie für mich, aber ganz sicher mit dem Weinbrand zusammenhing.

»Vermutlich nicht. Gunter hat sie verbrannt. Oder vielleicht ich?«

Sie lachte.

Dann lachte auch ich.

8.

Die Tristesse der Bahnstrecke zwischen Dortmund-Derne und Lünen Preußen schnürte mir den Hals zu. Gunter hatte bislang für etwas Flirrendes, Anrüchiges, Ungreifbares gestanden, ein tief in meiner Kindheit wurzelndes Geheimnis, von dem Bedeutung ausgestrahlt hatte – und nun war er bloß jemand, der am Ende Pech gehabt hatte, wie die allermeisten.

Ich hatte nicht vor, an diesem Tag noch einmal bei meinen Eltern vorbeizugehen. Ich würde die Nacht in Olafs Hütte verbringen und morgen weitersehen. Zunächst aber wollte ich zum Friedhof. Dort ging ich schnurstracks auf das wuchtige, aus zwei voluminösen Quadern gebaute steinerne Kreuz zu, an dem ein rußbeschmutzter Jesus mit ausgeprägter Muskulatur und schwimmflossengroßen Füßen hing – war das Brutalismus, Futurismus, die Ästhetik des Faschismus? Ich hatte nie darüber nachgedacht. Dabei hatte ich unter dem leeren Blick dieses Jesu durch die Kindheit hindurch unzählige Stunden verbracht, während meine Großmutter, nachdem sie mit dem Grab ihres früh gestorbenen Mannes, Opa Alvin, fertig gewesen war, sich auch noch um das Familiengrab der Zimmermanns gekümmert hatte.

Mich hatte immer beeindruckt, dass Rosa, zusammen mit zwei ihrer Kinder, von Winfried nicht bloß in einem handtuchschmalen Stück Erde, sondern in einem breiten Grab mit einem marmorweißen, von goldenen Buchstaben beschriebenen Grabstein beerdigt worden war. Ich mochte den halb trotzigen, halb großspurigen Geltungsanspruch, der sich in dieser zentral im Eingangsbereich des Friedhofs gelegenen, inzwischen auch Winfrieds sterbliche Überreste bewahrenden Grabstätte ausdrückte. Trotz der bis zum Schluss erlittenen Demütigungen – kurz vor seinem Tod hatte die Polizei, unter geifernder Anteilnahme der tratschfreudigen Nachbarn, mehrmals seine Wohnung durchsucht, unter anderem, weil man bei Raffi die Beute aus einem Apothekeneinbruch vermutete – hatte sich Winfried nie verstecken wollen.

Doch jetzt konnte ich sein Grab nicht finden. Dabei war ich mir sicher, dass es sich schräg unterhalb der Jesus-Figur befinden musste. Ich rief meinen Vater an.

»Ist das Grab weg?«

»Welches Grab?«

»Von deinen Eltern.«

»Wo suchst du?«

»Unterhalb von dem Kreuz.«

»Ja, genau.«

»Nun, da ist nichts. Nur Gras.«

»Tja.«

»Du musst doch wissen, was mit dem Grab geschehen ist.«

»Die Verlängerung war fällig.«

»Wie viel hätte es gekostet?«

»Tausend, vielleicht.«

»Für ein Jahr?«

»Eher für zehn.«

»Warum hast du nicht Bescheid gesagt?«

»Wem?«

Darauf wusste ich nichts zu sagen. Hätte er mir Bescheid sagen sollen, damit ich mich zum Bewahrer des Andenkens meiner Großeltern hätte aufschwingen können?

»Schade, dass das Grab weg ist.«

»Ja, finde ich eigentlich auch.«

Vor Vincents Geburt hatte ich mit Lydia einmal ihre Eltern in einem Dorf in Oberbayern besucht. Nach der Sonntagsmesse begab sich die Familie wie selbstverständlich zum nahen Friedhof, besprenkelte einige Gräber mit ein wenig Weihwasser und gedachte für einen Moment ihrer Verstorbenen. Ich hatte diesen Friedhofsbesuch damals als eine innere Einkehr empfunden, die über mich selbst hinausging, und oft gedacht, dass so zweifelhaft und vielleicht sogar verbrecherisch der kirchlich praktizierte Katholizismus auch sein mochte, in ihm immerhin noch die Einsicht lebendig war, dass wir Lebenden uns die Erde mit den Toten teilen.

In Beifang ging diese Einsicht zunehmend verloren, dachte ich, während ich weiter über den Friedhof ging.

In meiner Kindheit waren nicht bloß alle Gräber über den kleinen Hügel Richtung Freibad hinaus belegt, es waren sogar zwei Erweiterungen nötig gewesen, bei denen ehemaliges Bauernland umgewidmet und dem Friedhof zugeschlagen worden war.

Nun sah man zwischen den meisten Gräbern bloß mit spärlichem Gras bewachsene Leerstellen, die ihrer weiteren Verwendung harrten. Jenseits des Hügels hatte man die in den Siebzigern und Achtzigern neueröffneten Bereiche bereits wieder stillgelegt. Dabei wurde sicherlich nicht weniger gestorben. Selm war, gelegen am grünen Rand des Ruhrgebiets, eine nicht gerade florierende, doch immerhin wachsende Stadt. Jedes Jahr wurden neue Flächen als Bauland ausgewiesen, und man konnte nur staunen, woher die Leute kamen, die in diesen Häusern wohnten. Die Gräber schwanden nicht, weil es weniger Tote gab, sondern weil die Leute ihre Toten in einem Geist beerdigten, der sie eben auch dazu brachte, mit Steinen gefüllte Gitterbehältnisse in Form von Hecken natürlichen Hecken vorzuziehen.

Ich konnte meine eigene Familie davon nicht ausnehmen. Schon als meine Urgroßmutter, die Oma meiner Mutter, Mitte der Neunziger gestorben war, hatten wir für sie ein damals noch neuartiges Wiesengrab ausgewählt, weil diese Art Grab von den Angehörigen nicht gepflegt werden musste. Meine Großmutter hatte ihre am Ende bettlägerige Mutter viele Jahre alleine zuhause versorgt und wollte ihre letzten gesunden Jahre nicht Unkraut jätend an einem Grab zubringen, zumal diese

Aufgabe in absehbarer Zeit schon ihrer Tochter, meiner Mutter, zufallen würde.

Das Gedenken, glaubte meine Großmutter, funktionierte auch ohne konventionelles Grab. Und tatsächlich besuchte sie, solange sie noch kein Pflegefall war, täglich den Baum, unter dem ihre Mutter in der Erde lag, zupfte Laub und stellte vielleicht eine auf dem Weg gepflückte Feldblume in ein kleines Glas. Doch nach dem Tod meiner Großmutter stellte sich heraus, dass niemand mehr wusste, wo meine Urgroßmutter eigentlich genau vergraben worden war. Keiner von uns hatte meine Großmutter in den letzten Jahren bei ihren Friedhofsbesuchen begleitet. Inzwischen waren aber viele neue Rasenflächen und Bäume auf dem Friedhof hinzugekommen. Meine Mutter erinnerte sich plötzlich an eine andere Stelle als mein Vater, mein Vater sich an eine andere Stelle als ich, ich mich an eine andere als meine Schwester. Wir fragten bei der Friedhofsverwaltung nach. Doch in deren Akten war das Urgroßmuttergrab bloß grob einem vielleicht 200 Quadratmeter großen Bereich zugeordnet, auf dem inzwischen ein Dutzend mehr oder weniger große Bäume standen, die alle irgendwie infrage kamen. Soweit ich weiß, hat nach dem Tod meiner Großmutter kein Angehöriger mehr an dem Grab meiner Urgroßmutter gestanden, einfach weil niemandem klar war, wo er hätte stehen sollen.

Aber die Friedhofsverwaltung hatte aus den Problemen mit den Wiesengräbern gelernt. Als die Mutter meiner Mutter starb, hatte sie bereits zwei weitere Bestattungsformen im Angebot, die dem in Beifang weitverbreiteten Bedürfnis nach Gräbern, um die man sich nicht weiter kümmern musste, entgegenkamen. Neben sogenannten Stelengräbern, bei denen die Urnen unter Stelen mit Dutzenden Namensplaketten versenkt wurden (es waren so viele, dass für die offenbar zahlreichen Besucher sogar eine Metallgitterbank neben den Stelen aufgestellt worden war, das Ganze wirkte wie das Sammelgrab für einen Busunfall), gab es als eine etwas kostspieligere, aber auch persönlichere Variante sogenannte Baumgräber. Bei diesen reihten sich drei Halbkreise mit Urnengräbern unter einem Baum, wobei jedes durch einen Miniaturgrabstein mit aufgeklebter Metallplakette markiert war, auf der Name und Lebenszeit der Verstorbenen festgehalten waren.

Ein solches Baumgrab hatten meine Eltern dann auch für meine Großmutter ausgewählt. Ich hatte keine Schwierigkeiten, es zu finden. Schließlich war ich auf ihrer Beerdigung als Urnenträger zusammen mit dem Trauerredner und einem Angestellten der Friedhofsverwaltung an der Spitze des kleinen Trauerzugs gelaufen und dabei von der Vorstellung geradezu besessen gewesen, jeden Moment zu stolpern und Aschepartikel meiner Großmutter auf mich niederrieseln zu spüren. Von dieser Zwangsvorstellung abgesehen, war mir von ihrem Begräbnis vor allem der Moment in Erinnerung geblieben, als ich mit der Urne vor einem kleinen, von Kunstrasen eingefassten Löchlein in die Knie gegangen war, das jedes menschliche Maß verspottet hatte, und mir die gesamte Beerdigung wie ein unzulässiger Scherz auf unser aller Kosten vorgekommen war.

Während ich vor dem Grab meiner Großmutter stand, versuchte ich sie, wenn auch bloß für einen Moment, in meinem Andenken wieder auferstehen zu lassen. Doch wurde ich bei meinem Gedenken durch das Durcheinander an Fotos, Gedenksteinchen und Grabschmuck auf dem Baumgrab, das in Wahrheit ja ein Massengrab war, gestört. Das Grab Opa Alvins, auch das Familiengrab der Zimmermanns hatten eine bestimmte Atmosphäre besessen. Die Farbe des Grabsteins, der Font der Inschrift, das Material der Trittplatten, die Art der Bepflanzung hatten sich in meinem Geist zu einem Bild gefügt, in dem für mich unverwechselbar etwas vom Wesen der Toten aufgehoben gewesen war.

Doch wenn ich nun auf den kleinen Gedenkstein für meine Großmutter hinunterblickte, musste ich auch die in einem Bilderrahmen am Grabstein lehnende Fotografie eines in halbwegs jungen Jahren verstorbenen Mannes mitansehen, an den sich die Hinterbliebenen offenbar in erster Linie als Kegelbruder erinnerten. Denn auf dem Foto trug er ein über seinem Bauch spannendes T-Shirt mit dem Aufdruck einer kegelnden Comicfigur, die in einer Sprechblase das Motto der Saufbrüder zum Besten gab: »1er steht immer!«

Ich wandte den Blick ab und sah einen Teddybären im schwarz-gelben BVB-Trikot, von Wind und Wetter geschützt in einem großen verschlossenen Einweckglas, neben einer Engelsfigur, die in ihrem Arm ein aus Weidenästen geflochtenes und mit pinker Glitzerfarbe besprühtes Herz und auf dem Kopf ein mit Strasssteinen besetztes Diadem trug. Neben dem Grab mit dem Engel waren hinter dem Grabstein, eine auf Friedhöfen ja übliche Praxis, Harke und Schaufel deponiert, nur war der standardisierte Miniaturgrabstein viel zu klein, um die Geräte zu verbergen, ich sah sie links und rechts weit hervorstehen.

Eher zufällig verließ ich den Friedhof durch den Hinterausgang und entdeckte den Haufen. Ein kleiner Radbagger war daneben geparkt. Es waren sicher Dutzende, vielleicht sogar Hunderte nachlässig aufgehäufte Grabsteine, die hier vermutlich so lange lagerten, bis sich der Abtransport wer weiß wohin rechnete. Mein Puls klopfte in den Ohren: Musste nicht auch der Stein von Winfried und Rosa darunter sein?

Ich kletterte hinauf und hielt Ausschau nach einem breiten weißen Stein mit Goldgravur und niedrigen Ausbuchtungen an den Seiten, wobei ich mich zu fragen begann, ob der Stein nicht in Wirklichkeit schwarz und die Gravur silberfarben gewesen war.

Ich weiß nicht, was ich mir von der Suche versprach. Aber ich strengte mich an, als hinge von ihr alles ab. Ich rüttelte gerade an einem Stein, als ich die Frau bemerkte.

»Das dürfen Sie nicht.«

Ich vermied, die Frau anzusehen, noch hoffte ich, dass sie einfach weiterging.

»Hören Sie auf! Sofort.«

Als ich sie weiter ignorierte, brach ihre Stimme ins Hysterische: »Aufhören, sage ich! Sofort! Das geht nicht!« Sie blickte sich hektisch um. »Thomas! Thomas, komm doch mal!«

Ich schaute auf, und leider bestätigte sich, was bis einen Moment zuvor nur eine Ahnung in den Augenwinkeln gewesen war.

Die Frau trug Trekkingschuhe und atmungsaktive, enganliegende Dreiviertelleggins, in ihrem Fall eine äußerst unvorteilhafte Wahl. Links und rechts hielt sie Nordic-Walking-Stöcke in der Hand, mit denen sie empört auf den Boden einstampfte.

Es würde mir schwerfallen, die Beherrschung zu wahren. Aber ich gab mir alle Mühe und suchte tapfer weiter.

»Es reicht, Schluss!«

Ihre Stimme schrillte in meinen Ohren. Ich machte einen letzten, bereits leicht verzweifelten Versuch, ihre Existenz zu ignorieren, und legte meine Hand auf einen gelblichen Stein.

»Hören Sie auf! Schluss jetzt!«

Ich atmete tief ein und aus und antwortete ganz ruhig: »Hören Sie bitte zunächst auf, so auszusehen. Dann höre auch ich hier gerne auf. Aber bis dahin können wir uns einfach gegenseitig in Ruhe lassen. Ginge das?«

Sie blickte mich an, als hätte ich sie geschlagen. Sogleich begann ich mich dafür zu schämen, dass es mir nicht gelungen war, mich zu beherrschen und die

Frau, anstatt sie zu beleidigen, mit purer Freundlichkeit für mich einzunehmen. Es hätte mehr Eleganz gehabt.

Jetzt tauchte ihr Mann neben ihr auf. Er trug ebenfalls enganliegende Dreiviertelleggins und hielt, so wie seine Frau, diese grotesken Stöcke in der Hand.

Ich zerrte an einem zerbrochenen Grabstein, unter dem ich weißen Marmor leuchten sah.

Die Frau stieß Luft aus und zückte ihr Telefon.

»Wir rufen die Polizei.«

Sie wandte sich an ihren Mann und hoffte auf seine Bestätigung, doch Thomas klappte bloß unmotiviert den Mund auf und stieß einen komischen Laut aus.

Ich hob demonstrativ einen Grabstein an und ließ ihn einen Abhang hinunterknallen, woraufhin die Frau die Kamera ihres Telefons wie eine Waffe auf mich hielt und immer wieder in meine Richtung stieß.

Ich hatte Lust, ihr die Nase umzudrehen. Aber was auch immer ich tat, würde gefilmt, und je mehr ich mich gehen ließ, desto größer war die Chance, dass ihr Filmchen in einem sozialen Netzwerk geteilt wurde.

Ich spürte, wie mir die Wut Tränen in die Augen trieb. Ohne nachzudenken, zog ich mein Telefon, schaltete die Videofunktion ein und filmte die Frau beim Filmen.

Ich war mir selbst peinlich.

Zum Glück hatte Thomas jetzt genug, packte seine Frau am Arm und zog sie mit sich, wogegen sie sich empört, aber letztlich ohne Erfolg wehrte.

Ich kletterte mit erhöhtem Puls noch ein wenig auf

dem Haufen herum und hielt nach einem weißen Stein Ausschau. Allerdings war ich nicht mehr recht mit dem Herzen dabei.

9.

Olaf winkte mich sogleich in den Garten, wo mir zu meiner Überraschung sein Bruder schnell noch Hallo sagen wollte. Doch statt Chris sah ich dort zunächst bloß eine über ein Meter neunzig große, ungeschickt geschminkte Frau, die mit dröhnender Stimme sprach, ohne dass mir klar war, zu wem. Als diese Riesin mich bemerkte, griff sie hinter sich und zerrte, so wirkte es jedenfalls auf mich, Chris aus ihrem Schatten hervor. Der hatte sich auf den ersten Blick erstaunlich wenig verändert. Er war noch immer schlank, besaß noch sein volles Haar und erinnerte in seiner langgliedrigen Schlaksigkeit entfernt an Nick Cave. Gleichwohl wurde mir während unseres nur kurzen Gesprächs immer seltsamer zumute.

Chris schaute mich beim Reden überhaupt nicht an, stand irgendwie schief und mit gesenktem Kopf da, während diese Beate lärmte, ihm über den Mund fuhr, am Arm herumschob und am Po befummelte. Sobald das seltsame Paar nach einigen Minuten, in denen Chris kaum einen zusammenhängenden Satz gesprochen hatte, mit Olafs Schlagbohrmaschine abgezogen war, schaute ich Olaf mit großen Augen an: »Was ist denn da passiert?«

In der frühen Pubertät war der vier Jahre ältere Chris mein unangefochtenes Vorbild gewesen. Ich hatte ihn nur mit seinen toupierten und von Rasierschaum gestärkten Haaren, in seinem zwei Nummern zu großen schwarzen Anzug und den anmutig zerschlissenen weißen Basketballstiefeln die Straße entlangschlendern sehen müssen, und der gültige Lauf- und Kleidungsstil hatte festgestanden. Chris trommelte in einer Band, war Stadtmeister im Tischtennis und jonglierte ständig und scheinbar spielerisch mit drei oder vier Freundinnen gleichzeitig. Sein Treiben wirkte auf mich dermaßen einschüchternd, dass ich erleichtert war, als er nach seiner Lehre bei Rethmann, die Mauer war gerade gefallen, für seinen ersten Job nach Sachsen-Anhalt ging. Er stieg dort in irgendeinem Kaff rasend schnell zum Geschäftsführer einer Müllverbrennungsanlage auf und ließ sich nur noch selten in Beifang sehen. Einmal - ich hatte gerade den Führerschein bestanden und raste in meinem 79er Fiesta Ghia euphorisiert mit 100 km/h durch den Ort – überholte er mich plötzlich rechts auf dem leeren Parkstreifen mit seinem 150 PS starken A6-Dienstwagen und zeigte mir, durchaus nett gemeint, den Mittelfinger.

Das letzte Mal, das ich ihn bewusst sah, war auf VHS, in einer Aufzeichnung der MDR-Regionalnachrichten: Chris lief darin, gekleidet wie die Gangster in *Reservoir Dogs,* mit schwarzem Anzug, weißem Hemd und schmaler schwarzer Krawatte verlegen vor dem – die Sprecherstimme betonte es immer wieder – größten Altholzhaufen Mitteleuropas herum und versuchte zu erklären, warum dieses Gebirge aus Holz, für das er offenbar die Verantwortung trug, nun schon seit Wochen vor sich hinschwelte und selbst von einem Großaufgebot der Feuerwehr nicht zu löschen war.

Tatsächlich war die Erklärung, jedenfalls für den Staatsanwalt, einfach: Der Eigentümer der Müllverbrennungsanlage, ein obskurer, von der Goldgräberstimmung nach der Wende in den Osten gelockter holländischer Geschäftsmann mit dem schönen Namen Hans Brod, hatte durch seinen Geschäftsführer Chris den umliegenden Industriebetrieben zehntausende Tonnen mit Schadstoffen belastetes Altholz gegen eine vergleichsweise günstige Entsorgungsgebühr und der schriftlichen Zusicherung abgenommen, diesen Sondermüll ordnungsgemäß in seinem angeblich modernen Heizkraftwerk zu verfeuern, obwohl er genau gewusst hatte, dass diese Anlage mehr oder weniger Schrott und zu der Verbrennung technisch überhaupt nicht in der Lage gewesen war. Angesichts des schnell verdienten Geldes hatte Brod vermutlich gerne in Kauf genommen, dass sich das bald zu einem Berg aufstapelnde kontaminierte Holz unter seinem Eigengewicht entzünden und dann kaum zu löschen sein würde, weil kein Wasser bis in seine hochverdichteten Tiefen eindrang. Da für die Folgen bloß sein junger, ebenso ehrgeiziger wie unbekümmerter Geschäftsführer zur Rechenschaft gezogen wurde.

Ich hatte gewusst, dass Chris, nach dieser Pleite vorbestraft und hoch verschuldet, irgendwo auf Ibiza als Barkeeper untergekommen war. Doch erst jetzt von

Olaf erfuhr ich, dass Chris tatsächlich schon seit über drei Jahren wieder zurück in Beifang war, Sozialhilfe bezog und im Übrigen von seiner Beate ausgehalten wurde, einer Friseurmeisterin.

»Chris laboriert an einer verschleppten Hepatitis. Er darf absolut keinen Alkohol trinken. Trotzdem sitzt er jeden Abend im Kronenstübchen. Läuft wohl darauf hinaus, dass er eine neue Leber braucht. Aber ob er die bekommt, bei seinem Lebensstil?«

Eine Weile bebrüteten wir das Schicksal von Chris schweigend. Es gab dazu ja auch wirklich nicht viel zu sagen.

Plötzlich fragte ich Olaf zu meiner eigenen Überraschung: »Habe ich nicht früher gerne gelebt?«

»Was meinst du?«

»Ich war doch positiv, oder? Voller Erwartungen.«

»Und wie. Du konntest deine Zukunft kaum erwarten.«

»Ja. Seltsam. Ich habe auch geglaubt, etwas zu sagen zu haben. Etwas Originelles, Unerhörtes. Heute kann ich darüber den Kopf schütteln und denken, was für eine Verblendung!«

»Warum?«

»Weil mir zu nichts etwas einfällt. Mir scheint, das Beste, was man machen kann, ist, möglichst friedlich, ohne einen zu großen Aufstand zu machen, dem eigenen Tod entgegenzuwarten.«

»Echt?«

»Vielleicht auch nicht.«

»Nun, mir geht's eigentlich ähnlich. Im Grunde kommt es für mich einzig auf die Kinder an.«

Wir versanken wieder in ein längeres Schweigen, und ich wollte schon Gute Nacht sagen, doch dann fiel mir noch eine Frage ein.

»Wie war mein Vater eigentlich früher?«

»Otto?«

»Ja, woran erinnerst du dich? Aus unserer Kindheit.«

Olaf schaute mich an, als wollte er abschätzen, woher mein plötzliches Interesse am Vater kam, aber dann sagte er unvermittelt: »Fleißig, sparsam, vernünftig.«

»Das kommt dir als Erstes in den Sinn?«

»Ja, klar. Wie jung der war. Aber trotzdem der Typ, der es durchzieht. Ich meine, der hat Überstunden noch und noch gekloppt und dann nachts und an den Wochenenden und in seinem Urlaub euer Haus komplett umgebaut. Und das hat er richtig geil gemacht. Mit der riesigen Wohnküche, den weißen, bloß verputzten Wänden und dem Eichenparkett. Der hatte ja auch vom Geschmack her was drauf. Nicht so wie bei uns mit vertäfelten Decken und Teppichfliesen auf dem Boden.«

»Ja?«

»Sicher! Der wollte die Scheiße hinter sich lassen. Es mit seiner Familie besser machen. Der wusste, wohin er will. Und hat dafür alles getan. Zielstrebig und konsequent. Kann man nur bewundern.«

»Interessant.«

»Und ich meine, der hat auch alles gemacht, dass es für uns Kinder cool war. Stundenlang in der Garage mit uns Tischtennis gezockt. Und ist immer mit 150 km/h über die Landstraße zum Freibad nach Erkenschwick, damit wir rechtzeitig in den Wellen sind. Der hat wirklich viel Zeit mit uns verbracht. Schwerter geschnitzt, Skateboards gebaut. Und man hatte immer das Gefühl, dass es auch ihm Spaß mit uns macht.«

»Ja, das stimmt vermutlich.«

»Und was er alles konnte. Surfen, Motorradfahren. Tischtennis. Der war nie im Verein, doch es dauerte Jahre, bis wir ihn endlich schlagen konnten.«

Ich nickte nachdenklich.

»Der war sowas wie ein Superheld, der Terence Hill von Beifang, für mich wenigstens.«

Nichts von dem, was Olaf sagte, konnte mich überraschen, gleichwohl war ich vor Staunen wie erstarrt. Warum dachte ich so wenig an das Gute und ließ es zu, dass sich immer nur das Andere in den Vordergrund drängte?

»Manchmal sehe ich Otto beim Joggen am Ternscher, wenn er da mit dem Rad unterwegs ist.«

»Sprecht ihr?«

»Klar. Meist nur so allgemeines Blabla. Aber einmal haben wir über meine Tageskinder gesprochen. Und wie man mit den sogenannten Fällen, also den Kindern aus den schwierigen Verhältnissen, eigentlich umgehen soll. Wie man es schafft, dass man an sie rankommt und verhindert, dass sich etwas verfestigt, wodurch sie dann spätestens ab neun oder zehn, wenn ihre Niedlichkeit flöten geht, fürs Leben gebrandmarkt sind. Und da haben wir lange gesprochen, und er hat was Interessantes gesagt.«

Olaf trank einen großen Schluck und nickte, statt weiter zu erzählen, bloß gedankenverloren vor sich hin.

»Und was?«

»Ich überlege noch. So in der Art: Dass man eine schwierige Kindheit nur überleben kann, wenn man die Vergangenheit in sich gut versteckt und nichts nach außen kommen lässt.«

Ich dachte an einen Morgen vor über dreißig Jahren, als ich beim Frühstück meinen Vater mit einem Verband über einer Platzwunde an der Stirn angetroffen hatte. Er habe, erzählte meine Mutter, und dabei liefen ihr vor Lachen Tränen über die Wangen, mitten in der Nacht plötzlich im Bett gehockt, mit weitaufgerissenen Augen ins Dunkel gestarrt und plötzlich laut »Sie kommen!« gerufen und sei mit einem gewaltigen Satz aus der Hocke über das Bettende hinaus gegen die Wand gesprungen. Meine Schwester und ich sahen meinen schweigenden Vater mit seinem schiefgewickelten Verband um der Stirn an und brachen ebenfalls in Lachen aus. Keiner fragte ihn, wen er da in der Nacht gesehen haben wollte.

»Komisch, oder? So redet Otto sonst ja nicht.«

»Jedenfalls nicht mit mir.«

*

Ich aß noch mit Olafs Familie Abendbrot, das im Wesentlichen aus abgepackten Graubrotscheiben bestand, die man direkt aus der aufgerissenen Folienverpackung mit Wurst und Käseaufschnitt von Lidl belegte. Ich weiß nicht warum, aber Annette und die Kinder nahmen kaum von mir Notiz, sie sprachen mich nicht an, fragten mich nichts, reagierten kaum auf Fragen von mir, es war ziemlich ungewöhnlich. Olaf hatte alle Hände voll zu tun, seine Jungs davon abzuhalten, sich mit Essen zu bewerfen. Ich fragte mich, wie Olaf und Annette es mit zehn zusätzlichen Kindern in ihrer Tagespflege bewerkstelligten.

Während das Chaos am Abendbrottisch weiter tobte, ging ich nach oben ins Badezimmer und bückte mich unter die von Olaf in die Dachschräge verbaute Dusche. Anschließend bedeckte ich meine weiterhin juckenden Arme großzügig mit der Cortisonsalbe, wünschte der Familie unten eine Gute Nacht und begab mich ins Gartenhaus, wo ich noch lange auf der schmalen Pritsche wach lag. Ich dachte daran, was aus Gunter, Kalle, Chris geworden war und was aus mir zu werden drohte, wenn ich nichts unternahm. Olafs Satz, dass es ihm nur noch um die Kinder gehe, ließ mich über mein Verhältnis zu Vincent grübeln.

Ich hatte ihn, fürchtete ich, von Anfang an idealisiert. In meinen Augen war er immer außerordentlich gewesen. Aber nicht auf die Weise, wie es auch alle anderen Kinder für ihre Eltern waren. Ich hatte ihn wirklich für außerordentlich gehalten und angenommen, mein Blick auf ihn sei vielleicht nicht objektiv, aber doch ausreichend distanziert, um mich nicht vollkommen zu täuschen. Zudem hatte es unbestreitbare Anzeichen gegeben. Er hatte sich mit fünf selbst das Lesen beigebracht und schon mit drei oder vier überraschend komplexe Liedtexte zur Ukulele improvisiert. Er schien so feinsinnig, so wach, bemerkte das Nahen einer neuen Jahreszeit an kleinen Veränderungen in der Natur ebenso wie ein neues Linienbusmodell im Stadtverkehr, die verschiedenen Kameraperspektiven in einem Film oder die einzelnen Instrumente bei einem Lied. Er konnte sich an Blumensträußen erfreuen und an ausgefallenen, möglichst bunten Speisen, bei denen er beim Probieren jedes Gewürz herausschmeckte, obwohl er selbst dann eigentlich immer bloß Nudeln mit einer Sauce aus ungewürzten passierten Tomaten aus dem Tetrapak und möglichst altem Parmesan aß. Er langweilte sich bei Kinderfilmen und las *Verbrechen und Strafe* mit elf und *Krieg und Frieden* mit zwölf. Wenn ich mich mit ihm in seinem Alter verglich, war er mir um viele Jahre voraus, und ich nahm an, er würde als Erwachsener geistige Höhen erklimmen, zu denen ich nur demütig hinaufstaunen konnte. Im Vergleich zu seinen Stärken erschienen mir seine offenbaren Schwächen nicht der Rede wert. Mir gefiel sein eckiger Laufstil, sein Desinteresse an Sport, seine übergroße Empfindlichkeit, auch seine Anfälle von Schwermut und dass er so schwer Freunde fand. All das würde in meinen Augen seine Persönlichkeit nur bereichern. Er war gerade sechs, als er den kompletten Handlungsbogen eines Buchs entworfen hatte, das er »Jeremias Reise in der Rakete zum Urknall« hatte nennen wollen. Er hatte mir zu allen Kapiteln seine Ideen diktiert, und ich hatte ihm, verblüfft und bewegt angesichts dieses Ausbruchs von Kreativität, versprochen, sie für ihn auszuformulieren, aber es dann nie getan.

Irgendwann, noch vor Morgengrauen, sprang ich auf, schrieb Olaf eine SMS, packte meine Sachen und brach Richtung München auf.

10.

Natürlich machte ich ihn gleich in der Menge auf dem Pausenhof aus. Vincent bewegte sich mit derselben geraden Haltung wie Lydia, er wirkte unter seinen zumeist zappelnden, krumm dastehenden, sich windenden, wegduckenden Mitschülern wie eine aufrechte Linie der Anmut. Ich hatte ihn das letzte Mal in den Osterferien gesehen, vor über vier Monaten. Die Anspannung legte sich wie ein Stahlband um meinen Brustkorb. Endlich kam er zu mir an den Zaun.

»Was machst denn du hier?«

»Hast du Lust auf ein Eis?«

Er nickte.

»Wirst du abgeholt?«

Er schüttelte den Kopf.

»Wann hast du Schluss?«

»Zwanzig nach zwölf.«

»Ich warte beim Eingang auf dich.«

»Wirklich?«

Er wirkte verblüfft.

Die nächsten zwei Stunden wusste ich kaum herumzubringen. Ich saß in einem Café, trank drei Espresso und sah mir auf Youtube das Vater-Sohn-Gespräch aus *Call me by your name* an. Darin macht Professor Perlman seinem Sohn Elio deutlich, dass er um dessen erste Liebe zu einem seiner Studenten wusste und diese Beziehung, die Elio das Herz zu zerreißen drohte, dennoch für ein unbedingt zu bejahendes Glück hielt, um das er seinen Sohn beneidete.

Die Art und Weise, wie Perlman sein Kind sah und respektierte, und der Mut, mit dem er sich ihm gegenüber öffnete und seine eigene nie gelebte Homosexualität eingestand, schafften einen Moment der wahren Empfindung, von dem ich hoffte, er wäre auch zwischen Vincent und mir möglich.

Doch als wir dann, zwei Eisbecher vor uns, zusammen vor dem Schwabinger Café saßen, waren in meinem Kopf nichts als hastige Gedanken. Ich ahnte, mein unangekündigtes Auftauchen könnte eine ganz schlechte Idee gewesen sein.

»Und, was machst du nun hier?«

Ich hatte auf diese einfache Frage keine gute Antwort und musste überlegen. Schließlich gab ich einfach zu: »Ich wollte dir was sagen.«

»Okay.«

Vincent sah mich aufmerksam an, in seinem Gesicht nichts als reine Erwartung. Ich selbst hätte meinem Vater nie so offen ins Gesicht sehen können. Lydia hatte das wirklich gut hingekriegt.

»Wir sehen uns selten.«

»Ja, stimmt. Warum eigentlich?«

Vincent begann sein Eis zu essen. Ich hätte ihm

ewig zusehen können. Für ihn war das alles hier nichts Ungewöhnliches, wie mir schien, ich könnte ihn sein Eis auslöffeln lassen und mich von ihm verabschieden, ohne ihn zu irritieren. Ich würde einfach behaupten, auf der Durchreise in den Süden gewesen zu sein, dann könnte auch Lydia nichts sagen.

Aber ich wollte nicht kneifen.

»Ich habe mir wirklich nichts mehr gewünscht, als Teil deines Lebens zu sein. Nur … es war ja kompliziert. Mit deiner Mutter. Und auch mit Jon und deinen Geschwistern. Ich wollte euch den Raum geben, als Familie zusammenzukommen. Aber ich …«

Vincent schmatzte mit vollem Mund, und ich spürte einen Schweißtropfen mein Rückgrat herunterrinnen.

»Weißt du noch, als wir in Griechenland waren?«

Im Sommer vor seiner Einschulung waren Vincent und ich auf Kefalonia gewesen, bis heute dachte ich an diesen Urlaub fast an jedem Tag.

Er nickte schwach.

»Oder die Wochen bei Oma und Opa, als wir die Baumhütte gebaut haben, ganz ohne Nägel, wie im Internet beschrieben. Oder als wir früher, als du noch Lokführer werden wolltest, im ICE kreuz und quer durch Berlin gefahren sind, von Gesundbrunnen zum Südkreuz, von Spandau zum Hauptbahnhof, stundenlang, ohne zu bezahlen. Das sind so Momente, die vergehen nicht, auf sie kommt es an.«

»Ja, ja … Laber Rhabarber …«

Vincent klopfte mit seinem Löffel an meinen noch unberührten Eisbecher und blickte mich fragend an. Ich nickte mechanisch und hatte das Gefühl, während er mein Eis verschlang, als entweiche etwas aus meinem Körper, wie Luft aus einem Luftballon.

*

Eine Stunde später fuhr ich auf der A9 zurück nach Berlin. Zunächst überwog noch die Scham. Vincents spontane Reaktion auf mein gestelztes Gerede war mir ganz berechtigt vorgekommen. Ich hatte mir seine und meine Verachtung verdient. Doch je weiter ich fuhr, desto mehr fielen mir im Nachhinein Kleinigkeiten an Vincent auf, die neu gewesen waren. Er hatte am Handgelenk ein aus Leder geflochtenes Armband mit silbernem Verschluss und um den Hals eine feingliedrige Goldkette getragen. Er hatte Besuche im VIP-Bereich der Allianz-Arena erwähnt, das Surfen am Eisbach und das Wochenende auf Ibiza, wo er in großer Runde mit einigen Start-up-Millionärskumpels von Jon und irgendwelchen Bundesligafußballern essen gewesen war. Und mit dem Mund hatte er immer ganz kurz wie ein Fisch auf dem Trockenen nach Luft geschnappt, eine Marotte, die mir auch schon bei anderen Jugendlichen aufgefallen war.

Natürlich war mir an Vincent immer vieles fremd gewesen, er lebte in einer mir fremden Familie, in einer anderen Stadt, hatte Freunde, die ich nicht kannte. Aber jetzt mochte eintreten, was ich so lange schon fürchtete, dass Jons Gewinnerattitüde auf Vincent abfärben und er seine stille Skepsis dem Leben gegenüber, auf die ich so stolz gewesen war, ablegen und er sich das Entscheidende als etwas letztlich auch bloß Käufliches vorzustellen beginnen könnte.

Allmählich spürte ich eine Wut auf Vincent in mir aufflammen, wie ich sie schon öfter gespürt hatte, meistens dann, wenn wir, nach langer Zeit des Getrenntseins, plötzlich wieder Tag und Nacht zusammen gewesen waren und er sich mir in allem widersetzt hatte. In manchen Augenblicken war es vorgekommen, dass ich in Gedanken auf ihn eingeprügelt hatte, um wenigstens in meiner Fantasie seine ewigen, wie Stiche gesetzten Widerworte zum Verstummen zu bringen. Einmal hatte ich ihn sogar aus dem Weg gerempelt, aber bereits dieses kurze Aufblitzen echter körperlicher Gewalt hatte ausgereicht, um meinen weißglühenden Zorn auf der Stelle abkühlen zu lassen. Ich war sogleich voller Reue auf die Knie gegangen und hatte ihn in meine Arme gezogen, wo er endlich still schluchzen konnte, denn natürlich war der Grund für sein Verhalten nur Unsicherheit und Verwirrung und das Empfinden einer schmerzhaften Distanz gewesen gegenüber einem viel zu selten anwesenden Vater.

Ich fragte mich, mit welchen Gefühlen meine Großeltern ihre Kinder geprügelt hatten? Konnten sie die falsche Anhänglichkeit nach den Schlägen genießen, die verzweifelte Zutraulichkeit von Kindern, die den Abgrund, der durch die Gewalt zwischen ihren Eltern und ihnen aufgerissen worden war, in der körperlichen Nähe vergessen wollten? Kannten auch sie das existenzielle Entsetzen angesichts ihres furchtbaren Machtmissbrauchs? Oder waren sie davor gefeit, abgestumpft durch die wilhelminische, sich bis nach dem Krieg fortwirkende Erbarmungslosigkeit?

Geprügelte Kinder: Bildeten ihre Seelen mit der Zeit eine Art Hornhaut?

Mir fiel ein, dass Raffi laut meinem Vater seit kurzem in Halle lebte, das lag mehr oder weniger auf meinem Weg. Mit jedem Kilometer, den ich mich der Abfahrt näherte, wuchs in mir die Überzeugung, dass genau jetzt, in meiner seltsam angefassten Stimmung, der richtige Zeitpunkt für einen spontanen Besuch war.

11.

Und dann stand ich vor einem zehngeschossigen Plattenbau. Der Türöffner summte, ohne dass mich jemand durch die Türsprechanlage etwas fragte. Ich fuhr in den sechsten Stock mit einem rumpelnden, nach vergorenem Müll stinkenden Fahrstuhl. Als die Tür aufging, trat ich hinaus und wandte mich nach beiden Seiten. Zwanzig Meter nach links einen langen Flur hinab sah ich eine Gestalt, die Raffi sein musste. Ich ging auf sie zu. Vor den meisten Wohnungstüren häuften sich Müllbeutel.

»Ja?«

Die Stimme klang leicht beunruhigt.

Ich ging weiter und erkannte, dass es tatsächlich Raffi war. Er sah Winfried verblüffend ähnlich.

»Ich bin's, Frank, der Sohn von Otto.«

»Was? Mann, was für eine Überraschung. Lange her!«

»Zwanzig Jahre.«

»Mensch!«

Raffi winkte mich in die enge Wohnung, wo es irgendwie ungut, hoffentlich bloß nach Essen roch. Aus einem der Zimmer klangen die Geräusche eines Computerspiels.

Raffi führte mich in die schlauchenge Küche.

»Mach gerade Stampfkartoffeln mit Sauerkraut.«

Er drehte ein Glas mit Bockwürsten auf und gab sie samt Wasser in einen kleinen Topf. Mein Besuch schien für ihn das Selbstverständlichste überhaupt zu sein.

»Und zuhause alles klar?«

Ich berichtete vom Verkauf des Zechenhauses.

»Das ist futsch? Echt? Schade, man. Echt schade.«

»Ja. Ebenso wie das Grab.«

Raffi starrte mich aus kleinen misstrauischen Augen an.

»Was für ein Grab?«

»Das Zimmermann-Familiengrab.«

Für einen Moment schien er um Fassung zu ringen. Er feuerte das leere Wurstglas in den Müll, wo es laut zerbrach. Mein Magen zog sich zusammen.

Der Lärm lockte seine Freundin an, die kurz fragte, was los sei, und mich dabei völlig ignorierte.

Raffi wies mit seinem Daumen in die Richtung, in die sie verschwunden war.

»Susi hatte einen harten Tag.«

Ich erfuhr, dass Raffi seit drei Monaten mit Susi und ihren beiden Söhnen in der Wohnung lebte.

»Tut echt gut. So ein Familienleben. Meine beiden sehe ich ja nicht mehr. Ist kompliziert. Mit ihrer Mutter. Dem neuen Mann. Ein Arsch.«

»Tut mir leid.«

Raffi winkte ab.

»Und du, was treibst du hier?«

»Ich kam zufällig vorbei. War in München. Vor kurzem habe ich auch Alf, Gunter und Kalle besucht.«

Raffi strahlte mich plötzlich an.

»Gut, dass sich mal jemand aufrafft. Wollte auch schon ein Familientreffen organisieren. Aber du weißt ja, wie das ist.«

Raffi widmete sich seinem Sauerkraut, in das er reichlich Knorr Aromat gab. Dann begann er, gekochte Kartoffeln zu pellen.

»Warst du auch bei Martin?«

Raffi fragte in einem gleichgültigen Ton, der aber nichts Gutes verhieß.

»Nein, aber ich habe vor einigen Tagen kurz mit ihm telefoniert.«

»Und was hat er gesagt?«

»Nichts. Nur Belangloses. Er hat mich gefragt, ob ich zu seinem Geburtstag kommen will.«

Raffi blickte mich an, und obwohl ich ja die Wahrheit sagte, spürte ich, wie mir Blut in die Wangen stieg.

Raffi hob – drohend, wie mir schien – das Pellmesser.

»Erzähl mir nichts. Ich kann mir ja denken, welche Schweinereien ihr da wieder aufgekocht habt.«

Ich war perplex über die Plötzlichkeit, mit der Raffi an den Rand seiner Beherrschung gekommen war, und versuchte, durch Schweigen der Situation die Brisanz zu nehmen. Doch das funktionierte nicht. Raffi fixierte mich mit einem wild flackernden Blick.

»Und über den Alten habt ihr auch getratscht? Sag!«

Ich schüttelte den Kopf.

»Nein.«

»Wie, nein? Willst du mir Scheiße erzählen?«

Er kam, das Messer in der Hand, näher.

Ich begann, aus den Augenwinkeln eine halbvolle Saftflasche zu fixieren. Ich sah mich schon in der nächsten Sekunde nach ihr greifen und mit aller Kraft hemmungslos zuschlagen.

Gleichzeitig sagte ich mir, dass Raffi wie ein angeleinter Hund bloß gegen seine Ohnmacht anbellte.

»Ich kann jetzt auch einfach Schluss machen, verdammt! Soll ich dich mitnehmen?«

Raffi zog eine Schublade auf und nahm eine kleine Pistole heraus.

Er starrte mich aus engen funkelnden Augen an.

»Die Perle da auf dem Sofa geht mir eh auf den Sack. Ist bloß aus dem Internet. Ich habe nichts, keinen Job, keine Wohnung, ich sehe meine Kinder nicht. Und darf mich um die Bastarde von so 'nem Kamelficker kümmern. Meinst du, das ist, was ich will? Und mich dann auch noch von so einer Drecksau wie Martin verleumden lassen?«

Eine junge Stimme rief plötzlich laut »Rafael«, und Raffis Gesichtszüge entspannten sich.

»Komme. Einen Moment.«

Raffi beäugte mich.

»Ist die echt?«

»Eine Beretta Cheetah. Damit killt der Mossad. Handlich und leise.«

Raffi legte die Waffe zurück in die Schublade und schob sie zu. Als er dann im Nebenraum war, dachte ich gar nicht groß nach, es schien mir ganz unvermeidlich, dass ich die Schublade aufzog, die Pistole herausnahm und in meine Tasche gleiten ließ.

Ich spürte mein Herz bis in den Gaumen schlagen.

Raffi kam wieder herein und brüllte in den Flur: »Gibt gleich Essen!«

Er sah mich an, als ob nichts gewesen sei.

»Isst du mit?«

Ich schüttelte den Kopf.

»Muss weiter. Bin noch verabredet.«

Ich ging schnell, aber nicht zu schnell zur Küche hinaus in Richtung Wohnungstür. Raffi folgte mir.

»Hat mich gefreut. Vielleicht schaffen wir es ja.«

Ich wusste nicht, wovon er sprach.

»Wie kann ich dich erreichen?«

»Wozu?«

»Um uns bei der Orga abzustimmen, Mann!«

Ich begriff, dass er von dem Familientreffen sprach und tat, als kramte ich nach etwas zum Schreiben.

»Ach, weißte was, lass sein. Ich fahr einfach mal wieder nach Beifang. Otto finde ich ja. Der steht doch sicher im Telefonbuch.«

»Kann sein.«

»Aber klar. Und dann hole ich mir alle Adressen, auch deine.«

12.

Ich hatte die Pistole mit nach Berlin genommen und trug sie, nachdem ich mich im Netz mit ihrer Sicherung vertraut gemacht hatte, eingewickelt in ein Küchentuch, in einem Umhängebeutel ständig mit mir. Wenn ich schlafen ging, legte ich sie unter mein Bett.

Die ersten Tage blickte ich mich auf der Straße immerzu nach allen Seiten um und lauschte auf Geräusche im Hausflur. Doch Raffi tauchte nicht auf. Hatte er es darauf angelegt, dass ich die Pistole an mich nahm?

Es blieb ein Rätsel, ebenso wie meine Faszination für die Beretta. Mit der Waffe in der Tasche schritt ich auf der Straße ganz anders aus, hielt allen Blicken stand, von halbstarken Arabern ebenso wie dem von der aufregendsten Frau. Ich war überzeugt davon, dass ich die Pistole nicht entsichern und schon gar nicht benutzen würde. Doch abends hielt ich sie vor dem Spiegel in der Hand und probierte Posen aus Filmen aus.

Der Gewalttrieb war stark wie der Sexualtrieb. Das lehrte eigentlich jeder Krieg. Wie sonst konnten eben noch brave Familienväter massenhaft und in kürzester

Zeit zu brutalen Mördern mutieren? Solange ich die Pistole in meiner Nähe behielt, konnte etwas damit passieren. Jeden Tag sagte ich mir, ich sollte sie umgehend in der Tiefe einer stinkenden Abfalltonne deponieren. Niemand würde mich dabei sehen, und die Waffe würde in der Hitze einer Müllverbrennungsanlage vielleicht nicht schmelzen, aber doch zumindest alle Spuren, die an ihr hafteten, verlieren.

Trotzdem lag sie unter meinem Bett, als ich darauf mit Marie zusammenlag. Es war das erste Mal, dass ich Marie so kurz nach unserem letzten Treffen sah. Bislang hatte sie penibel darauf geachtet, dass seit unserer letzten Begegnung Minimum vier Wochen vergangen waren.

Sie war spontan zu mir gekommen, weil sie in Berlin ihren Galeristen getroffen hatte, von dem ihr für das nächste Jahr eine Einzelausstellung versprochen worden war. Sie hatte mit Champagner vor meiner Tür gestanden und mit einem Augenaufschlag gesagt: »Lass uns die Flasche hier gleich austrinken und danach die andere, ja?«

Marie lag flach auf dem Bauch. Ich lehnte meine Stirn an ihren Hinterkopf und strich mit dem Handrücken ihr Rückgrat entlang.

»Und hat dein Onkel deinen Großvater nun umgebracht?«

Ich dachte an die Pistole, die nur wenige Zentimeter entfernt lag. Ich streichelte sie weiter.

»Hm?«

»Ich weiß es nicht. Es scheint niemand in der Familie sehr zu beschäftigen.«

»Ist das nicht seltsam?«

»Schon, ja.«

»Ich finde es geradezu unglaublich.«

Ich nickte. Ich weiß nicht, ob mich das Thema nicht interessierte oder auf eine unbewusste Weise ängstigte, jedenfalls lenkte ich ab und sagte: »Mein Vater hat zu Olaf etwas Seltsames gesagt.«

»Wer ist Olaf?«

»Mein ältester Freund ... war unser Nachbar früher.«

»Und was?«

»Dass man eine Kindheit wie seine nur überleben könne, wenn man gut in sich verstecken kann, was gewesen ist.«

»Was meinte er damit?«

»Was er versteckt?«

Marie bewegte den Kopf auf dem Kissen auf und ab.

»Schwer zu sagen. Wahrscheinlich ist er der Meinung, dass die anderen einen zerfleischen, wenn man seine blutende Wunde zeigt.«

»Hm ... oder meinte er etwas Schlimmeres?«

»Ich glaube jedenfalls nicht, dass etwas passiert ist, wofür jemand ins Gefängnis gehört. Aber bei Misshandlungen gibt es ja eine fließende Grenze.«

Ich streckte mich nach einer Decke, um sie über Marie auszubreiten, die in der durch das offene Fenster strömenden Nachtluft fröstelte.

Sie angelte nach ihrem Weinglas und sah mich nachdenklich an.

»Ich glaube, wenn man aus solchen Umständen wie dein Vater kommt, dann hat man nur eine Chance, wenn man rechtzeitig jemanden trifft, an dem man Halt finden kann.«

»Möglich.«

»Bei deinem Vater war das wohl deine Mutter.«

»Vermutlich.«

»Glaubst du, dein Vater hat deiner Mutter alles erzählt?«

»Das weiß ich nicht. Aber es würde mich wundern. Ich meine, sie kennt ihn, seit er fünfzehn oder sechzehn ist. Viel muss man da nicht mehr erzählen, schätze ich. Und über die Kindheit zu sprechen, das machen meine Eltern nicht. Der therapeutische Ansatz ist ihnen eher fremd.«

Marie zog mich zu sich unter die Decke.

»Dennoch hat deine Mutter deinen Vater wohl gerettet. Frauen träumen angeblich davon.«

Mein Herz schlug schneller. Wollte sie mir etwas sagen?

Marie rollte sich auf mich und pustete mir eine Haarsträhne aus dem Gesicht.

»Erzähl, wie war das mit zwei so jungen Eltern?«

Ich dachte nach. Dann schob ich Marie beiseite, stand auf und kramte aus einer Kiste einige Fotos hervor.

Marie sah sie sich an. Eins zeigte mich in einem Hochstuhl vor einer Schaumkusstorte, auf der, wie ich wusste, achtzehn brennende Kerzen steckten, die meine Mutter, ein im Stil der Siebziger geschminktes Mädchen mit durchsichtiger Bluse und in einem kaum ihren Po bedeckenden Minirock, auszublasen versuchte.

»Das war der Achtzehnte meiner Mutter.«

Ich zog ein anderes Foto aus einem kleinen Stapel. Darauf sah man meine Mutter, eine schlanke barbusige Frau, an einem Strand auf Ibiza durch die Gläser ihrer Pilotenbrille meinem durchtrainierten Vater nachschauen, der mit links mich, vielleicht zwei Jahre alt, und mit rechts ein Surfbrett Richtung Brandung trug.

»Könnte auch eine Werbung für Bademode oder sowas sein.«

»Es ist komisch. Aber wenn ich an meine Eltern denke, ich meine nicht die ersten, aber doch die ganz frühen Erinnerungen, dann erinnere ich mich an etwas vage Sexuelles. An eine sinnliche Atmosphäre mit vielen Berührungen. Ich habe oft mit meiner Mutter geschmust. Sie stundenlang noch und noch abgeküsst, überall im Gesicht. Und das täglich, kommt mir jedenfalls so vor. Da war so eine gewisse Unbedarftheit. Eine fast animalische Körperlichkeit. Unschuldig. Auch wenn es mir heute selbst etwas komisch vorkommt.«

Marie setzte sich ein wenig auf.

»Und deine Eltern?«

»Ich glaube, die haben sich auch ständig geküsst und angefasst. Sie waren eben jung. Ich weiß noch, wie ich im Kindergarten stolz erzählt habe, dass ich nun wisse, wie man Kinder macht.«

»Wie?«

»Ich sagte, eine Frau muss dazu in der Küche stehen, und der Mann muss sich vor sie stellen und den Reisverschluss seiner Jeans aufziehen.«

Marie lachte. »Was!?«

»Es kommt mir fast vor, als bildete ich mir das jetzt ein. Aber ich glaube wirklich, dass ich das erzählt habe. Ich habe meine Eltern dabei vage in unserer damaligen Küche vor Augen. Das ist ein ganz frühes Bild.«

»Du hast was gesehen.«

»Vielleicht.«

»Deine Familie ist interessant. Eigentlich schade, dass ich sie nicht kennenlernen kann.«

Wie meinte sie das, gab sie mir ein Zeichen?

»Mein Onkel Martin feiert nächsten Samstag Geburtstag. Du kannst mitkommen, wenn du willst.«

Mit dieser Frage brach ich ein Tabu. Marie hatte immer deutlich gemacht, dass es in unserer Beziehung eine Grenze gab.

Gleichwohl sah ich sie jetzt an, als hätte ich sie bloß gefragt, ob sie hungrig sei. Und Blache spielte mit.

»Werden deine Eltern auch dort sein?«

»Sie sind nicht eingeladen.«

»Nein? Und warum du?«

»Das hat mich auch gewundert. Wahrscheinlich rief ich einfach im richtigen Moment an. Und er sah die Gelegenheit, sich wieder an die Familie anzunähern.«

»Gab es Streit?«

»Ja.«

»Was ist passiert?«

»Nun, einiges.«

Blache füllte unsere Gläser auf.

»Dann unterhalte mich mal!«

Ich wusste, was nun auf dem Spiel stand. Vielleicht würde Marie, wenn ich ihr vermitteln konnte, wie schillernd merkwürdig Martin war, tatsächlich mit zu seinem Geburtstag kommen, und das wäre ein Schritt, wie ich ihn bislang für undenkbar gehalten hatte.

Ich schwieg einen Moment und fing dann aus einer spontanen Eingebung heraus meine Erzählung von dem Freizeitpark an, in dem wir damals mit Alf und Martin zu einem Ausflug gewesen waren.

»Mein Cousin Jens, der damals vielleicht vier war, hatte vor den lärmenden Fahrgeschäften in *Fort Fun* richtig Angst. Der brüllte schon vor einem einfachen Kinderkarussell in Panik. Martin nahm an, das würde ein schlechtes Licht auf ihn werfen oder so etwas. Jedenfalls zwang er den Kleinen zu einer Fahrt in der Achterbahn. Schwer zu verstehen, warum das Personal am Drehkreuz das überhaupt zuließ. Danach war Jens so aufgebracht, dass er nicht einmal mehr schreien konnte. Der hörte gar nicht mehr auf zu zittern.«

»Klingt psychopathisch.«

»Allerdings. Es gibt unzählige solcher Geschichten. Ein Sommer später zum Beispiel wollten wir schwimmen gehen. Mein Cousin Heiko, Martins anderer Sohn, nörgelte auf dem Weg zum Strandbad ununterbrochen wegen irgendwas. Der Kerl war schon ziemlich nervig. Na gut, er war eben auch Martins Kind. Mit einem Mal hatte Martin genug. Er packte sich den Kleinen und warf ihn einfach über ein Geländer in den See und ließ ihn dort panisch um sein Leben strampeln, bevor er endlich hinterhersprang. Heiko konnte noch gar nicht schwimmen.«

»Oh, Mann.«

»Aber zum vorläufigen Bruch kam es erst später. Als Martin mit seinem Gerede beinahe dafür gesorgt hätte, dass der Sohn meines Cousins Niki vom Jugendamt in ein Heim gesteckt wurde.«

Marie schenkte uns lächelnd nach.

»Okay, jetzt bin ich neugierig.«

Für einen Moment kam es auch mir falsch vor, diese Geschichten zum Champagner zu erzählen. Allerdings konnte ich nicht widerstehen.

»Damals war mein Cousin mit Martin recht eng. Sie haben zusammen – in Schwarzarbeit – Badezimmer saniert. Na, jedenfalls war Martin auch öfter bei Niki zuhause und hat da irgendwie mitgekriegt, dass Nikis Sohn Willem auch mit zwei noch überhaupt nicht sprechen konnte. Gegenüber den Eltern hat Martin wohl nichts gesagt, höchstens ein paar blöde Scherze gemacht. Aber überall im Ort hat er herumerzählt, dass der kleine Willem ein autistisches, vielleicht sogar genialisches Kind sei, das völlig vernachlässigt werde. Als er merkte, dass seine Story gut ankam, hat er immer mehr aufgedreht und behauptet, Willem erweise sich zunehmend als gestört und würde wohl zu einem Psychopathen heranwachsen, der in einigen Jahren den Ort mit Vergewaltigung oder

Schlimmerem terrorisierte. Irgendwann begann sich eine Frau vom Jugendamt, mit der Martin Doppelkopf spielte, für die Sache zu interessieren, und statt dass der Idiot spätestens jetzt zurückgerudert wäre, hat er noch eins draufgelegt und behauptet, Niki werde von seiner hartherzigen Frau unterdrückt und die würde sich nur für ihre süße Babytochter interessieren, aber nicht für ihren begabten Sohn, den sie ja beinahe wie ein Tier hielte. Die Frau war praktisch von Amts wegen gezwungen, einzuschreiten. Niki hat zunächst an einen Scherz geglaubt und die Sache ignoriert. Ein Fehler. Das Ganze entwickelte sich zum Alptraum, mit Anwälten und Gerichtsterminen, und es hat nicht viel gefehlt, und Willem wäre in ein Heim gekommen. Und wenn ein Kind einmal im System ist, holt man es da auch nicht mehr so leicht wieder raus.«

Maries Augen funkelten. Sie war ein wenig betrunken.

»Und seitdem haben sie keinen Kontakt.«

»Nicht seitdem.«

Ich versuchte ihr zu erklären, dass es zu den Eigenschaften der Zimmermanns gehörte, anderen entweder so gut wie alles oder so gut wie nichts nachzutragen, und dass Alf, Niki und mein Vater eher zur zweiten Kategorie gehörten.

»Bei ihnen ist nach zwei, spätestens drei Jahren auch eigentlich Unverzeihliches verjährt. Aber dann war da die Sache mit Martins sechzigstem Geburtstag, und komischerweise hat das dann das Fass zum Überlaufen gebracht.«

Ich erzählte, dass Martin zu diesem Anlass wohl hatte zeigen wollen, was er sich leisten konnte, denn er hatte bei einem Eventplaner ein gesetztes Essen im weißen Festzelt bestellt. Bei der Begrüßung der Gäste hatte Martin, für uns ein grotesker, weil völlig ungewohnter Anblick, mit Jackett und Krawatte dagestanden und seltsam steif und verkrampft gewirkt.

»Erst als er plötzlich mit einem Messer gegen sein Glas klopfte, verstand ich, warum er so nervös war. Eine Rede hatte bei unseren Feiern noch niemand gehalten. Das war, angesichts der Gäste, völlig unpassend. Martin aber hatte sich da was in den Kopf gesetzt. Er nahm ein bereitliegendes Mikrofon und blickte mit versteinerten Gesichtszügen vor sich hin. Alle dachten, was kommt denn jetzt, und dann kam es. Ein steif und pathetisch vorgetragener Wortsalat. Völlig verstiegenes Zeug über Familienbande und die Fallstricke des Lebens. Gespickt mit Fremdwörtern und grammatikalischem Unsinn. Es war gruselig. Und nach dem Essen explodierte draußen, ohne Vorwarnung, ein ziemlich gewaltiges Feuerwerk. Alle rannten hinaus und sahen erstaunt auf einem nahegelegenen Feld eine zwei Meter hohe, goldregenversprühende *60*, eingerahmt von den ebenfalls funkensprühenden Worten *Happy* und *Birthday,* stehen.«

»Großartig.«

»Als es endlich vorbei war, herrschte Stille. Alle waren konsterniert. Alle, bis auf meinen Cousin Niki, der fröhlich ausrief: *Mensch Donald, aber das war jetzt hoffentlich nicht schon alles?* Die meisten mussten lachen, und Martin ist natürlich ausgeflippt. Er meinte, die scheiß

Zimmermann-Bande bestehe aus asozialen Affen und verstehe eben nichts von Festen. Das artete richtig aus. Seitdem haben Alf und mein Vater zu Martin keinen Kontakt. Irgendwie war das für sie nicht zu verzeihen. Dieser Versuch, etwas Besseres zu sein. Aber das ist drei Jahre her. Es könnte so langsam verjährt sein.«

»Das ist großartig.« Marie lachte. »Klingt echt verlockend. Und ich kann es, glaube ich, tatsächlich einrichten. Ich muss sowieso nach Köln in nächster Zeit. Der Abstecher ließe sich unterbringen.«

»Wirklich?«

»Willst du nicht?«

»Doch.«

»Dann haben wir ein Date.«

13.

Die nächsten beiden Tage waren die schönsten seit langem. Einmal verfiel ich sogar mitten auf der Straße in eine Art Hüpfschritt und kaufte dann im Überschwang auf dem Arkonaplatz Landbrot mit harter Kruste, brandenburgischen Käse und eine Schale Heidelbeeeren, obwohl ich den Markt dort und das Getue um regionalen Käse, biologisches Obst und Gemüse und ofenfrisches Landbrot eigentlich vollkommen unerträglich fand.

Die Vorfreude währte jedoch nicht lange. Schon am Abend des zweiten Tags kamen mir ernste Zweifel, ob es wirklich eine gute Idee war, Marie ausgerechnet mit zu Martin zu nehmen. Wahrscheinlich nicht, wurde mir klar. Aber es gab kein Zurück mehr, eine andere Chance bekam ich mit Marie vermutlich nicht.

Ich fuhr bereits zwei Tage vor Martins Geburtstag nach Selm. Der Enkel unserer ehemaligen Nachbarin, dessen Patenonkel ich aus mir bis heute unklaren Gründen war, feierte seinen siebten oder achten Geburtstag. Bislang war ich meiner Patenpflicht dadurch nachgekommen, dass meine Mutter zum Geburtstag und zu Weihnachten ein kleines Geschenk gekauft, verpackt und in meinem Namen überreicht hatte. Dieses Mal aber wollte ich, da ich ja sowieso im Ort war, an dem kleinen Gartenfest mit Blick auf unser verkauftes Haus teilnehmen.

Auf dem Weg hatte ich einen Zwischenstopp bei meiner Tante Hilde geplant, die, solange ich denken konnte, in der Nähe von Porta Westfalica am Bokshorn wohnte.

In meiner Kindheit waren die Besuche bei ihr immer ein Ereignis gewesen, da mein Onkel Heiner und Tante Hilde Inhaber einer Landmetzgerei mit Partyservice gewesen waren und es bei ihnen immer Unmengen an Schnitzelchen, Frikadellen, Würsten und Schnittchen zu essen gegeben hatte. Doch inzwischen war Heiner tot und die Metzgerei geschlossen, und mein letzter Besuch war zwanzig Jahre her.

Das Haus an einer auch heute noch kaum befahrenen Landstraße sah auf den ersten Blick unverändert aus, nur dass sich in den Räumen der ehemaligen Metzgerei nun ein Döner-Imbiss befand. Komischerweise hatte das keinen Einfluss auf den vertrauten Geruch im Flur, der mich sogleich in verschüttete Schichten meines Ichs hinabsinken ließ.

Auch Hilde hatte sich wenig verändert. Sie besaß die Alterslosigkeit der Wohlgenährten. Nur in der Wohnung hatte sich einiges getan. Offenbar war Hildes große Leidenschaft im Alter das Sammeln von Clownsfiguren. Man konnte sich nirgendwohin wenden, ohne dass einem ein geschminkter Spaßmacher entgegenlachte. Die Figuren standen auf Kommoden, Anrichten, Tischen, hingen an Schaukeln von der Decke und figurierten als Uhrzeiger und Ständer unter Lampenschirmen. Clownsgesichter zierten Schüsseln, Gläser, Serviettenhalter. Auch wenn ich im Allgemeinen nicht besonders empfindlich gegen Clowns war, gruselte es mich vor dieser geballten Übermacht.

»Du magst Clowns.«

Hilde blickte sich beinahe überrascht um.

»Eigentlich nicht. Aber nachdem ich eher zufällig an einige geraten war, konnte ich mit dem Sammeln nicht mehr aufhören. Ich weiß gar nicht, warum. Es ist schrecklich. Bin fast nur am Abstauben.«

Hilde verhielt sich mir gegenüber, als hätten wir uns erst gestern das letzte Mal gesehen.

»Und du stellst Nachforschungen an?«

»So kann man es wohl nennen.«

»Wie weit bist du denn?«

»Schwer zu sagen.«

»Aha.«

Sie führte mich in ihr Wohnzimmer, aus dem man durch ein Panoramafenster ins Grün des Bokshorns sah, und wies mit der Hand auf den Esstisch, der mit Wurst- und Käseaufschnitt, Marmeladengläsern, Blaubeerpfannkuchen, Brateiern, Saft- und Wasserflaschen, einer Kaffee- und einer Teekanne und einem von Brötchen und Brezeln überquellenden Brotkorb vollgestellt war.

Ich setzte mich, griff nach einem Käsebrötchen, und belegte es mit gekochtem Schinken. Mein Vater hatte mich gewarnt, Hilde könnte in düsterer Verfassung sein, weil sie sich möglicherweise endgültig mit ihrer Tochter überworfen hatte. Doch als ich sie scheinbar arglos auf Heidi ansprach, meinte Hilde ungerührt: »Die ist ja ihrem Teppichflieger hörig. Der kann ihr eine runterhauen, so oft er will, und sie kocht und putzt und macht auch sonst alles für ihn. So dumm ist die.«

Ich nickte und wusste nicht, was ich sagen sollte, doch klingelte es gerade in diesem Moment an der Tür, und Hilde seufzte: »Na, endlich.«

Die Frau, die auf mich zutrat und mir die Hand gab, war mir vage bekannt. Sie hatte langes weißes Haar und gebräunte Haut, und irgendwie ahnte ich, dass es meine Tante Isi sein musste, die ich von Fotos kannte und die ich auf den Kanaren vermutet hatte, wo sie, soweit ich wusste, in dritter Ehe mit einem verwitweten Zahnarzt verheiratet war.

»Eine kleine Überraschung. Isi ist gerade in der Gegend.«

Isi hielt noch immer meine Hand, sanft und ohne Druck, und sah mich dabei auf eine Weise an, die man für einen Flirtversuch halten könnte. Um diesen peinlichen Moment zu überspielen, behauptete ich, dass ich sie längst hatte kontaktieren wollen, um sie nach der Frau zu fragen, die angeblich bei Winfrieds Tod im selben Zimmer gelegen hatte.

»Ja, die Erika.«

»Du erinnerst dich! Was war da? Es klang so unwahrscheinlich.«

Isi legte ihre Hand an die Stirn.

»Ich habe mich das auch schon gefragt. Papa hatte sie irgendwie beeindruckt. Sie hat viel von ihm erzählt. Ich hatte damals starke Schmerzmittel bekommen und erinnere mich leider wenig.«

»Man müsste mal versuchen, ob sich herausfinden lässt, wo sie wohnt.«

»Willst du ihre Adresse?«

»Die hast du?«

Isi nickte, zog ein von Zetteln vollgestopftes Adressbuch aus der Handtasche und ließ mich die entsprechende Seite abfotografieren.

Hilde, die nicht abseitsstehen mochte, nötigte uns an den Tisch.

»Frank meinte gerade, dass er verstehen will, wo er herkommt.«

»Ist das so?«, fragte Isi.

»Nun, ja, so könnte man wohl sagen.«

Meine Tanten begannen eine Reihe von Anekdoten zu erzählen, von denen die meisten aber für mich nicht sonderlich interessant waren. Wirklich aufmerksam wurde ich erst, als Isi plötzlich behauptete, eines Morgens habe sie Winfried im Fenster des Elternschlafzimmers hängen sehen.

»Der hat den Seiltrick gemacht.«

»Den was?«

»Den Seiltrick.«

Isi griff sich mit der Hand an den Hals und zog ein imaginäres Seil stramm.

»Sein Gesicht war lila und blau. Ich habe wie am Spieß gebrüllt, und Mami hat ihn runtergeschnitten.«

»Wann war das?«

»Ende der Fünfziger, schätze ich.«

»Als mein Vater klein war.«

»Ja, aber Otto hat sicher nichts mitgekriegt.«

Isi schien offenbar der Vorstellung anzuhängen, kleine Kinder besäßen noch keine Antennen für die Gefühle von Erwachsenen, ihre Not und Verzweiflung, und seien deswegen besonders robust. Ich dagegen äußerte die Vermutung, Kleinkinder seien dem Grauen in ihrer Umgebung besonders ausgesetzt, weil sie alles spüren und sich nichts vom Leib und von der Seele halten können.

»Ja, das ist auch möglich.« Hilde schob die Platte mit gestapelten Blaubeerpfannkuchen zwischen uns. »Greift zu!«

»War Winfried depressiv?«

»Sicher nicht«, behauptete Hilde, aber Isi nickte und zog die Schultern hoch.

Hilde blickte ihre Schwester mit verengten Augen an.

»Du hast ihm nie verziehen.«

»Nicht nur das. Ich habe Papi abgöttisch geliebt. Er war für mich der Größte. Umgekehrt, ja, war da leider nicht viel.«

Ich erfuhr, dass Winfried, als er aus dem Krieg kam, die vierjährige Isi hochgehoben und auf den Küchentisch gestellt hatte, damit sie zu ihm Papa sagte, denn sie hatte ihn bislang beharrlich Onkel genannt. Doch sie brachte es nicht über sich, und Winfried, so Isi, hatte sie darauf die nächsten Jahre nicht mehr angesehen.

»Ich glaube nicht, dass er in den ersten fünf, sechs Jahren auch nur einmal mit mir gesprochen hat.«

Hilde nickte und kaute. »Ja, er war in dieser Sache empfindlich.«

Isi lachte, nicht einmal bitter, wie mir schien, und zeigte auf Hildes Hochzeitsfoto, das zwischen zwei Clownsfiguren auf der Anrichte stand.

»Mensch, Dickie, das hatte ich vergessen, du warst ja schlank.«

Offenbar hatten die Geschwister Hilde, die als junge Frau tatsächlich schlank wie ein Bademodenmodel gewesen war, Hilde den Spitznamen Dickie verpasst, weil sie nicht mehr völlig unterernährt gewesen war, nachdem sie mit dreizehn den Fleischersohn Heiner kennengelernt hatte.

Ich hörte beide Frauen reden und dachte, nichts war für sie ernst. Warum waren sie so abgestumpft für die Angst und den Schmerz, den sie in jungen Jahren empfunden hatten? Die Kinder, die sie einst gewesen waren, hatten niemanden gehabt, an den sie sich in ihrer Not hätten wenden können, und nun fanden sie auch kein Mitgefühl bei den Erwachsenen, zu denen sie inzwischen geworden waren.

Ich konnte ihnen nicht helfen. Ich konnte bloß versuchen, mehr über Winfried zu erfahren.

»Wollte er sich öfter umbringen?«

»Nicht, dass ich wüsste.«

»Warum fragst du?« Hildes Augen blitzten.

»Ich weiß nicht.«

»Du denkst bestimmt an die Scheiße, die Martin erzählt, ob die wahr ist oder nicht.«

Hilde biss wütend in einen Fleischwurstkringel.

»Ich sag dir was. Martin ist nicht ganz richtig hier oben.«

Sie klopfte sich mit der Spitze ihres Mittelfingers an die Stirn.

»Kein Wunder. Mami hat ja auch getrunken, als sie mit ihm schwanger war. Das hat sie sonst nicht gemacht. Aber damals hatte sie dauernd Zahnschmerzen. Martin ist das nicht bekommen. Es ist bei solchen Kindern mit Alkoholschäden ganz verbreitet. Sie erzählen Geschichten und Quatsch. Dachschaden. Das ist allen klar. Trotzdem wird ihm zu viel nachgesehen. Behindert oder nicht.«

Ich hörte diese Theorie zum ersten Mal. Martin war gerissen und eloquent, man konnte ihn schwerlich als geistig zurückgeblieben bezeichnen. Allerdings hatte sie einen gewissen Charme, denn sie würde einiges erklären.

»Obwohl Raffi sicher ein gemeiner Hund ist.«

Hilde schaute erst Isi und dann mich an.

»Einmal war er hier, Heiner war gerade gestorben, und wollte Geld. Als ich nichts gab, stellte er sich plötzlich neben den Messerblock und schaute mich so komisch an. Da habe ich es wirklich mit der Angst gekriegt und zugesehen, dass ich ihm was zustecke und ihn schnell wieder los bin.«

»Also glaubt ihr, dass Raffi euren Vater umgebracht haben könnte?«

»Klar, das ist möglich. Aber was willst du machen? Zur Polizei gehen?«

Hilde schaute mich an.

Ich dachte an die Beretta, die in meiner Reisetasche lag.

»Nein.«

»Also.«

Dann saßen wir mehr oder weniger schweigend zusammen. Ich kaute an meinem mit Kochschinken belegten Käsebrötchen, von dem ich kaum einen Bissen herunterbekam.

»Und was treibst du so, Frank? Was macht die Familie?«

Ich gab mir Mühe, meine Situation zu erklären, ohne zu persönlich zu werden. Meine Tanten hörten sich das an und nickten ratlos. Nachdem wir eine Weile weitergeschwiegen hatten, meinte Isi plötzlich:

»Ich muss gerade an Mami denken. Ich saß ja am Ende bei ihr am Bett, und weißt du, was sie gesagt hat? *Ich wollt es doch ganz anders.* So hat sie ihr Leben am Ende zusammengefasst.«

Hilde lachte, es klang schadenfroh.

»Immerhin hat sie es eingesehen.«

»Papi hätte sowas nie gesagt.«

»Das ist ja die Krux mit den Zimmermännern. Die kriegen nichts auf die Reihe, bilden sich aber wer weiß was auf sich ein.«

Beide Tanten sahen mich an. Bald darauf verabschiedete ich mich.

14.

Ich saß mit meiner Mutter auf der Terrasse. Mein Vater war, entgegen seiner Gewohnheit, mit einem flatternden Puls schon früh ins Bett gegangen. Ich sah meine Mutter an und bediente mich am Wein. Es war abzusehen, was nun kam.

»Und wer ist Marie?«

»Es ist etwas kompliziert.«

»Ihr könnt trotzdem hier schlafen. Dafür haben wir doch das Gästezimmer.«

»Ich weiß. Wir nehmen aber ein Hotel. Es wäre sonst etwas viel Druck, verstehst du?«

Meine Mutter schaute verständnislos. Was ich verstand. Sie hatte meinen Vater mit vierzehn kennengelernt und war seitdem mit ihm zusammen. Ich wollte ihr nicht zumuten, meine komplizierte Affäre mit einer relativ frisch verheirateten Frau und jungen Mutter verstehen zu müssen, zumal ich sie im Grunde selbst nicht verstand.

Meine Mutter hatte dazugelernt. Früher hätte sie bei ihrer Verständnislosigkeit nicht aufgehört und wäre weiter in mich gedrungen. Ich erinnerte mich noch gut, wie sie mir mit Fragen zugesetzt hatte, als ich von Lydia verlassen worden war, immer und immer wieder, bis ich sie mit Tränen der Verzweiflung in den Augen und einem verzerrten Grinsen warnte, nun bitte, bitte aufzuhören, weil ich sie sonst leider durch die Scheibe der Terrassentür werfen müsste. Doch nun bewies sie eine mich verblüffende Diskretion und wechselte das Thema.

»Martin feiert also wieder Geburtstag.«

»Ja, wer hätte es gedacht.«

»Bin gespannt, was du erzählst.«

»Glaubst du, er ruft Pa an?«

»Es würde ihn freuen. Er leidet unter der Funkstille. Auch wenn er es nicht zugeben würde. Aber Martin und Papa waren immer zusammen. Wie Zwillinge.«

»Ich weiß.«

»Und wie laufen deine Nachforschungen insgesamt?«

Ich konnte nur an die Pistole und Raffi denken und spürte, wie meine Wangen heiß wurden.

»Nicht besonders. Aber ich weiß auch gar nicht, wonach ich suche, ehrlich gesagt.«

»Papa auch nicht.«

Meine Mutter sah mich an, so dass ich wusste, dass ihr etwas auf dem Herzen lag.

»Was meinst du?«

»Er hat geweint, nachdem du letztens da warst.«

Ich konnte mir das nicht vorstellen.

»Ernsthaft?«

»Er war fertig, weil du so abfällig warst.«

Für einen Moment standen die Türen des Gerichts weit offen, und es ertönten hitzige Posaunen. Ich hielt mich auf meinem Stuhl mit letzter Kraft und lächelte matt.

Meine Mutter leerte ihr Glas.

»Es ist wieder gut. Die vielen Tabletten machen ihn vielleicht auch etwas angreifbar. Gefühlsduselig. Was weiß ich.«

*

Am nächsten Tag saß ich im Garten unserer früheren Nachbarin und dachte vor allem an Marie, die am nächsten Tag mit dem Zug aus Düsseldorf kommen wollte. Nach dem Kuchenessen drängten sich acht Kinder um meinen Vater. Wie seit eh und je bei einem solchen Anlass kümmerte er sich um ihre Bespaßung. Dabei machte er sich vorab nie irgendwelche Gedanken, sondern folgte einfach spontanen Einfällen, die wohl gerade deshalb bei den Kleinen großen Anklang fanden. Seit nunmehr einer Stunde hängte er sie zum Beispiel der Reihe nach an den Ast eines Pflaumenbaums und stoppte die Zeit, bis sie wieder ins Gras hinunterfielen.

Ich sah dem mit gemischten Gefühlen zu. Einerseits waren die Kinder wirklich begeistert und versessen darauf, mit dem nächsten Versuch selbst den neuen Rekord aufzustellen. Andererseits sah ich, wie das Geburtstagskind, Verzweiflung im Blick, immer bloß für vielleicht zwei oder drei Sekunden den Ast umklammert halten konnte, bevor es dann auch schon wieder herunterfiel, obwohl sein bester Freund eben erst mit vor Stolz leuchtendem Gesicht eine volle Minute am Baum gebaumelt hatte.

Spiele mit meinem Vater waren seit je Wettkämpfe. Wir spielten Tischtennis um Geld, als ich sechs oder sieben war. Vielleicht mit neun wurde ich in die monatliche Kartenrunde mit Martin, Alf und einigen Cousins aufgenommen, bei denen es bei *Zweiundzwanzig* und *Siebzehnundvier*, trotz Zehnpfennigeinsätzen, immer wieder auch um für ein Kind buchstäblich atemberaubend hohe Beträge ging. Einmal lagen, eine seitdem unvergessliche Zahl, 129 Mark auf dem Tisch, und ich spielte als Kartengeber nur noch gegen meinen Vater, der mich, das Geld wäre ja in unserer Familie geblieben, leicht hätte gewinnen lassen können, er hatte wirklich schlechte Karten. Trotzdem zog er es vor, seinen Bluff durchzuziehen, bis ich schließlich die Nerven und den Pott verlor.

Mein Vater hatte mich nie geschont. Wenn er mich als Kind auf dem Motorrad mitnahm, erklärte er bloß, ich solle mich festhalten, und brauste los, unbekümmert davon, dass ich mich nur mit großer Not auf dem Sozius halten konnte. Bei Urlauben am Meer ließ er mich, ich war zehn oder elf, zwar auf dem Ende seines Surfbretts liegend mitfahren, doch kümmerte es ihn nicht, wenn ich, weit vom Ufer entfernt, ins Wasser fiel. Er sprang weiter über Wellen, während ich mich bei ungewisser Strömung zurück an den Strand kämpfen musste, was mir einmal nur mit letzter Kraft gelang. Es gab viele solcher Beispiele. Aber ich hatte meinem Vater deswegen nie Vorwürfe gemacht. Im Gegenteil empfand ich sein unausgesprochenes Vertrauen in meine Behauptungsfähigkeit immer als Beweis, dass ich für ihn, trotz einer gewissen Verzärtelung, eben doch ein Zimmermann war.

15.

Ich hatte ein Zimmer im Hotel *Adria*, wenige hundert Meter vom Selmer Bahnhof, gebucht. Marie kam dort um 16:22 Uhr mit dem Regionalzug aus Dortmund an. Mit ihrem zweireihigen Anzug und dem Saint Laurent Fedora-Hut, den sie sich gerade erst in Düsseldorf gekauft hatte (sie hatte mir ein Bild aus dem Geschäft geschickt), stach sie auf dem Beifanger Bahnsteig unter all den anderen Reisenden in schlecht sitzender Freizeitkleidung deutlich heraus. Sie wirkte auf mich unzugänglich wie eine fremde schöne Frau. Ihr Gesicht war durch eine große Sonnenbrille wie zugesperrt. Es war unmöglich, ihre Miene zu deuten. Ich versuchte, sie mit einem Lächeln zu empfangen, aber dieses Lächeln blieb bloß eine Spannung auf der Haut.

Sie legte mir ihre Hand an die Wange. »Entspann dich, wird sicher lustig.«

Wir brachten ihre Reisetasche ins Hotel, das tatsächlich ein seit Jahrzehnten nicht mehr renoviertes kroatisches Grillrestaurant mit Kegelbahn und Fremdenzimmer war. Unseres lag im ersten Stock und bot durch staubige Gardinen einen Ausblick auf einen flachen Garagenanbau. Marie war nach der Zugfahrt nach einem Spaziergang zumute, und so liefen wir den Grünen Weg entlang, nur wenige hundert Meter an der neuen Wohnung meiner Eltern vorbei, so dass ich fürchten musste, ihnen zufällig zu begegnen, bis zu unserem nur zehn Gehminuten entfernten, verkauften Zechenhaus.

»Ob wir klingeln sollen? Vielleicht dürfen wir kurz reinschauen.«

Die Vorstellung, mein Elternhaus zu betreten, obwohl dort nun andere Leute zu bestimmen hatten, löste in mir Beklemmungen aus.

»Ich möchte lieber nicht.«

»Oder wir klettern kurz hinten über den Zaun.«

»Lass uns gehen.«

Ich ergriff ihre Hand, und zunächst wollte sich Marie noch widersetzen, aber dann sah sie mir ins Gesicht und ging mit.

Als wir dann Kopf an Kopf auf dem knisternden Laken des Hotels nebeneinanderlagen, vermutlich gab es unter dem Spannbetttuch noch einen mit Plastikfolie beschichteten Matratzenschutz, betrachteten wir schweigend das späte Sonnenlicht. Ich schloss die Augen, und für einen Moment meinte ich die Rufe spielender Kinder zu hören, aber tatsächlich waren diese Geräusche allein in meinem Kopf, es spielten keine Kinder in den Gärten.

Natürlich fragte ich mich, was ich mir eigentlich von diesem Wochenende versprach. Wollte ich mit Marie eine Familie gründen, ein kompliziertes Patchwork bilden und für ihre Kinder einstehen? Es erschien mir wenig realistisch. Und was wollte eigentlich Marie? Wir hatten nie über ihre Familie gesprochen oder darüber, was sie bei mir suchte, bloße Ablenkung oder doch einen Ausweg?

Ich wusste nur, dass Marie die erste Frau war seit meinem relativ traumatischen Verlassenwerden vor nun auch schon über zwölf Jahren, bei der ich es aushielt, dass sie nicht Lydia war. Insofern war sie die Einzige, bei der ich nicht permanent auf die Vergangenheit zurückgeworfen wurde, mit der eine Zukunft denkbar war, vielleicht nicht praktisch gesehen, aber existenziell, so dass alle konkreten Hindernisse wie Kleinkinder und ein Ehemann dagegen als kleinliche Einwände verblassten.

*

Martin kam gerade erst vom Einkaufen zurück, als wir am Beifanger Weg eintrafen. Er ließ sich dennoch keine Hektik anmerken, griff vielmehr gut gelaunt in eine Kiste im Kofferraum und drückte Marie und mir zur Begrüßung jeweils eine noch immer kalte Fanta Mandarine ohne Zucker in die Hand.

»Das Zeug ist köstlich.«

Marie riss die Dose sogleich auf und trank einen großen Schluck. Sie war offensichtlich entschlossen, die Einladung bis zum letzten Tropfen auszukosten.

Martin sah auf eine alberne und doch auch eindrückliche Weise verjüngt aus. Er trug, mit einigen Jahren Verspätung, einen bei bestimmten Männern so beliebten Undercut mit einem kurzen Zopf obenauf, eine weite Bundfaltenhose und ein pastellfarben geflecktes Oversized-Hemd, das mit seiner atemberaubenden Hässlichkeit gut mit seinen grotesk geformten, aber sicher teuren Designer-Sneakers harmonierte. Als ich ihn auf seinen sichtlich durchtrainierten Körper ansprach, erklärte er, seit geraumer Zeit morgens bloß eine Tasse Kaffee mit viel Butter und im Laufe des Tages ein großes Stück Fleisch mit drei Spiegeleiern und einem Haufen Salat zu sich zu nehmen, sonst nichts.

»Das Geheimnis ist: kein Zucker, keine Carbs.«

Er hob sein Hemd ein wenig an und entblößte seine – nicht bloß für einen über Sechzigjährigen – beeindruckenden Bauchmuskeln.

»Und dazu das Cristiano Ronaldo-Workout.«

Marie schnalzte mit der Zunge, und ich blickte erstaunt. Sie blinzelte vergnügt in die untergehende Sonne.

Martin legte lächelnd eine Hand auf Maries Unterarm und lud sie zu einer Tour durchs Haus ein. Mich ließ er, mit einem Augenzwinkern, allein im Garten stehen.

Martin war, das mutmaßte wenigstens mein Vater, durch eine Gaunerei an das neue Haus gelangt. Marion, seine dritte Frau, hatte sich ihr Erbe mit ihren beiden Geschwistern teilen sollen. Nur war es Martin mit Hilfe eines Tresenkumpans und Architekten gelungen, den

Wert des weitläufigen Grundstücks mit dem auf fast 240 Quadratmetern Grundfläche hochwertig ausgebauten Achtzigerjahrehaus in einem Gutachten so gering zu taxieren, dass er die beiden anderen, offenbar nicht sehr hellen Geschwister mit wenigen zehntausend Euro hatte abspeisen können.

Nun, er hatte immerhin etwas daraus gemacht, dachte ich, als ich durch den gepflegten Garten ging. Ich bewunderte mehrere mannshohe Stapel aus perfekt geschichtetem Kaminholz, erkannte den reizvollen Kontrast zwischen dem kurz geschnittenen Rasen und den knorrigen Obst- und Nussbäumen darauf, entdeckte ein Badmintonfeld und, zurück am Haus, eine Art Freiluftküche unter einer Abdachung mit Edelstahlkühlschrank, Spüle und fest installiertem Gasgrill.

Marie kam mit Martin zurück. Ich versuchte mit Blicken zu ergründen, wie es ihr ergangen war. Aber sie tat, als bemerke sie das nicht – oder bemerkte es tatsächlich nicht.

Martin winkte uns beide in die Garage und wies auf etwas, das unter einem weißen Laken verborgen war, offenbar ein Auto. Er drückte mir einen Zipfel des Lakens in die Hand und forderte mich auf, zu ziehen.

Ich fand sein Bedürfnis, zu zeigen, was er hatte, so peinlich wie rührend. Als Zimmermann und Kind meines Vaters verstand ich, was Martin der Porsche bedeutete. Er hatte ihn, vermutete ich, mit seinen Lebensersparnissen gekauft und eine derartige Angst, dass er durch

Kratzer und Gebrauchsspuren an Wert verlieren könnte, dass er ihn nicht nur mit dem Laken gegen Staub schützte, sondern auch von innen mit Teppich ausgelegt hatte. Martin startete den Motor und ließ ihn mehrmals aufheulen. Das Tachometer zeigte 257 gefahrene Kilometer an.

Inzwischen war auch Marion, Martins neue Frau, aufgetaucht. Nachdem sie mich und Marie eher zurückhaltend begrüßt hatte, stellten Martin und sie Stühle und Tische auf die Terrasse und den Rasen. Wenigstens würden wir also nicht die einzigen Gäste bleiben.

Marie zog mich am Ärmel abseits. Ihre Stimme klang tief und eindringlich, als habe sie gerade erst schöne, aufregende Dinge erlebt.

»So etwas habe ich noch nicht gesehen.«

»Meinst du den Porsche?«

»Quatsch. Dieses Haus. Es ist irgendwie unglaublich toll. Er hat sich im Ankleidezimmer einen Schrank gebaut mit dünnen Schubladen aus Balsaholz, in das er jeweils ein perfekt gefaltetes Hemd hineinlegt. Und sein Vorratsraum, dort im Anbau. Preppers Paradise. Mit deckenhohen Regalen und so gut sortiert wie ein Großmarkt. Überall hängen gerahmte Poster von berühmten Gemälden, viele Picassos und Chagalls und van Goghs.«

Marie machte eine Pause, wohl um mir Zeit zu geben, mir diese Geschmacklosigkeit vorzustellen.

»Das Großartigste aber war dieses Helene-Fischer-Superfan-Zimmer mit allen möglichen Helene-Fischer-Devotionalien und einem lebensgroßen Pappaufsteller, auf dem – angeblich – Helene höchstselbst einen Lippenstiftkuss hinterlassen hat. Wo bleiben eigentlich die Gäste? Wir sind doch hoffentlich nicht die einzigen.«

»Nein, ich denke nicht. Aber es ist schon merkwürdig.«

»Dein Onkel ist ein wirklich schräger Typ. Ich kann ihn überhaupt nicht einschätzen. Einerseits schillernd. Andererseits Vollspießer. Ich habe noch nie so ein aufgeräumtes Haus und so einen gepflegten Garten gesehen. Wovor er sich mit dieser Ordnung wohl schützen muss?«

Natürlich war es naheliegend, aus Martins Ordnungsbedürfnis, das – allerdings nicht bis zu diesem extremen Grad – Alf und mein Vater teilten, Rückschlüsse auf die Verfassung seiner Psyche zu ziehen. Aber ich wollte das nicht. Vielleicht war seine Ordnung einfach auch bloß Ausdruck seiner Freude, sorgsam und respektvoll mit Dingen umzugehen, für die er lange und hart gearbeitet hatte. Die Beweggründe eines Menschen waren ja eigentlich nie offensichtlich. Ich hätte nicht sagen können, was meine waren, und wollte nicht anfangen, über Martins zu spekulieren.

Ich spürte, dass Marie mich beobachtete und sicherlich anfing, sich Gedanken über meine inneren Beweggründe zu machen.

Endlich trafen die anderen Gäste ein. Darunter waren zwei junge Frauen Anfang zwanzig, wie für einen Besuch in einem *Black Music Club* aufgestylt. Martin stellte sie uns, während er aus einer Totenkopf-Wodkaflasche

Shots einschenkte, ganz ohne erkennbare Ironie als seine Seelenverwandten vor. Die Frauen nickten, als er das sagte, und streichelten mit ihren Händen über seinen Rücken und Bauch. Marie sah mich aus weitaufgerissenen Augen an.

Die seltsam geformte Flasche Wodka – es war bereits die zweite – erfuhr erstaunlichen Zuspruch. Ich war lange nicht mehr auf einem Fest gewesen, auf dem alle entschlossen schienen, sich hemmungslos zu betrinken. Ich saß neben einem von Martin als »Fidschi« vorgestellten Vietnamesen, der im Industriegebiet ein chinesisch-mongolisches *All you can eat*-Buffet betrieb, wo er – wie mir Martin über mehrere Köpfe hinweg zubrüllte – Ratten, Füchse und Schwäne servierte, natürlich verdeckt von Saucen und Panaden, anders wäre der Kampfpreis von 6,99 Euro mittags und 8,99 Euro abends ja gar nicht zu halten. Der Vietnamese lachte laut, und wie mir schien, nicht einmal aus bloßer Höflichkeit.

Bereits jetzt wäre ich gerne gegangen. Ich sehnte mich danach, mit Marie im letzten Licht dieses Sommerabends durch die Straßen meiner Kindheit zu schlendern, ihr davon zu erzählen und alles zu zeigen. Doch Marie saß neben Martin, der unablässig auf sie einsprach, lächelte still und nahm immer wieder große Schlucke aus ihrem Glas mit Wodka, Mineralwasser und Zitronensaft. Sie hatte nichts gegessen, und es zeigten sich bereits rote Flecken auf ihren Wangen.

Endlich begann Marion das Essen zu servieren, es gab mehrere große, offenbar schon vor Stunden gegrillte Roastbeef-Stücke, ebenfalls gegrillte, halb verkohlte Avocadohälften und unzählige Schüsseln mit allen möglichen Sorten von Salat. Ganz am Rande des Buffets, versteckt hinter einem Wildblumenstrauß, fand sich auch ein halbvoller Brotkorb. Ich schaute voller Sehnsucht in das Sommerabendblau und stellte mich näher an Martin und Marie, um mitzubekommen, falls Marie entgegen dem Anschein ebenfalls von dieser Party gelangweilt war.

Martin bemerkte, dass ich lauschte.

»Das kannst du ruhig hören, Frank. Ich stehe dazu. Habs ja immer gesagt. Raffi hat am Gasherd rumgepfuscht. Und als Papi sich morgens die erste Zigarette ansteckte, hat es Puff gemacht. Unser Vater ist dann noch aus dem Fenster in den Vorgarten gesprungen und hat sich dort mit verstauchten Knöcheln im Dreck gewälzt. Aber hat nichts genützt. Sein Morgenmantel aus so einem Kunstfaserscheiß war ihm auf der Haut geschmolzen. Er kam mit schwersten Verbrennungen ins Krankenhaus. Und bei seinem schlechten Gesamtzustand war es das dann.«

Ich suchte Maries Blick, doch sie starrte bloß in ihr Glas.

»Aber er hat es verdient. Ich meine, was der uns und Raffi angetan hat.«

»Was?«

»Er war ein Arsch.«

»Otto bestreitet das.«

»Gut, er wurde vielleicht nicht geschlagen. Weil er das Lieblingskind war. Bin trotzdem sicher, dass er im Nachhinein unseren Alten noch oft verflucht hat.«

»Warum das?«

»Na, wegen dem Chefarzt.«

Ich hörte diese Geschichte zum ersten Mal. Angeblich hatte ein Chefarzt, dessen eigene Ehe kinderlos geblieben war, meinen vierjährigen Vater nach seiner Blinddarmoperation adoptieren wollen. Es hatte ihn empört, dass der aufgeweckte Junge von seinen Eltern nach dem Eingriff nicht ein einziges Mal besucht worden war. Er bot Winfried für seine Einwilligung in die Adoption eine Kompensation von einigen tausend Mark an, die den anderen Geschwistern hätte zugute kommen können.

»Mami wollte, dass es wenigstens einer von uns rausschafft. Sie hat den Alten wochenlang bedrängt. Wahrscheinlich hatte sie ihren kleinen Otto bereits im weißen Kittel vor Augen. Wie er über einen Krankenhausflur zu einem Notfall rennt. Der Alte gab schließlich nach, jedenfalls ein wenig, und ließ Otto selbst entscheiden, ob er neue Eltern will.«

»Aber er wollte nicht.«

»Das denkst du. Würde jeder denken. Kein Vierjähriger verlässt normalerweise seine Eltern freiwillig. Nur dass dein Vater eben wollte! Der Professor hatte ihn im Krankenbett mit Kuchen und Törtchen vollgestopft. Danach war er für die Zimmermanndiät verdorben.«

»Er wurde aber nicht adoptiert.«

»Der Alte wurde eben zu gierig, hat irre Forderungen gestellt, ein neues Haus und eine lebenslange Rente.«

Ich wusste nichts zu sagen. Ich sah zu Marie, die offenbar zufrieden von ihrem Cocktail trank.

»Meine Zukunft hat er auch versaut. Ich wollte in die Werbung. Hatte schon ein Praktikum bei einer Werbeagentur in Düsseldorf. Meine Schulnoten waren denen scheißegal. Da war bloß Frechheit und Fantasie gefragt. Aber der Alte wollte nicht hören, was ich vorhatte. Ich sollte beim Bunnemann Maurer lernen. Der hatte mich gegen einen Anbau verhökert, den ihm Bunnemann für meine Arbeit hinstellen sollte. Statt Lehrgeld. Als ich nicht wollte, hat er mich blutig gehauen. Ich war vierzehn, und er mein Vater. Ich konnte mich nicht wehren. Der kannte überhaupt keine Hemmungen.«

Marie schaute mich aufmerksam von der Seite an, ergriff meine Hand und drückte sie.

»Dein Onkel hat mir gerade etwas Merkwürdiges erzählt. Er behauptet, dass du abgetrieben werden solltest, aber deine Mutter den Termin verwechselt hat.«

Ich starrte Blache an. In diesem Augenblick war sie mir bestürzend fremd.

Martin stieß einen merkwürdigen Lacher aus und versuchte sich zu erklären.

»Ja, da hast du verdammtes Glück gehabt. Otto hatte sich den Termin falsch notiert, und als sie dann in der Klinik ankamen, war es schon zu spät, da durften die Ärzte nicht mehr. War wirklich knapp.«

Martin trommelte mit den Fingern zufrieden auf Maries Unterarm.

»Wusstest du davon nichts?«

Ich kannte die Geschichte anders. Meine Großmutter hatte mir erzählt, dass damals ihre Freundin, eine Krankenschwester, meine Eltern ermutigt hatte, doch eine Abtreibung in Betracht zu ziehen, wovon die beiden aber nichts hatten wissen wollen.

»Nun, es ist keine große Überraschung. Sie waren blutjung. Ich hätte an ihrer Stelle auch daran gedacht.«

Solange ich denken konnte, gehörte Martin für mich zu den wenigen Menschen, die zweifellos Familie waren. Ich hielt unsere Beziehung für so anspruchslos wie unverbrüchlich. Natürlich war Martin dabei gewesen, als wir meine Wohnung zurückgeholt hatten. Ich hatte sie vor einem längeren Auslandsaufenthalt einer flüchtigen Hörsaalbekanntschaft überlassen, welche sich dann als falscher Student und Mietnomade entpuppt hatte. Nachdem ich das ganze halbe Jahr meiner Abwesenheit keine Miete erhalten hatte, stand ich nach meiner Rückkehr vor verriegelter Tür. Mein Untermieter hatte das Türschloss ausgetauscht. Ich telefonierte mit meinem Vater, und der mit Alf und Martin. Eine Stunde später waren sie auf dem Weg nach Berlin. Wir saßen zu viert über Stunden im Café gegenüber meiner Wohnung am Fenster und behielten die Eingangstür im Blick. Der Wohnungsbesetzer tauchte kurz nach Mitternacht auf. Als er die Wohnungstür hinter sich ins Schloss ziehen wollte, stoppte ihn der Fuß meines Vaters. Gleichzeitig drängte sich Martin in die Wohnung, schwang einen großen Schraubenschlüssel und stellte den völlig verdutzten, sichtlich eingeschüchterten jungen Mann vor die Alternative, entweder sogleich seine Sachen zu packen und abzuhauen oder in drei Minuten von ihm persönlich zwei Stockwerke tief aus dem Fenster geworfen zu werden.

»Du mieser kleiner Wichser hast die Wahl.«

Um seiner Drohung angemessenen Nachdruck zu verleihen, ließ Martin den Schraubenschlüssel unvermittelt auf den tragbaren CD-Spieler niederknallen, der eher zufällig nicht mir, sondern tatsächlich dem *miesen kleinen Wichser* gehörte.

Nachdem der Eindringling verschwunden war, saßen wir in meiner Küche zusammen. Dabei fühlte ich mich wie nie zuvor als Teil einer Familie, einer Gemeinschaft, die, ganz gleich was geschah, zusammenstand. Ich meinte zu begreifen, was Blutsbande waren und was sie selbst von den engsten Freundschaften unterschied.

Jetzt musste ich mich allerdings fragen, wie sehr ich mir das damals bloß eingebildet hatte. Während ich am liebsten ins Hotel verschwunden wäre, ließ sich Marie gerade erneut das Glas von Martin auffüllen und lachte über irgendeine Bemerkung.

Ich hatte angenommen, dass Marie, ebenso wie ich, diese Einladung als relativ unverfängliche Gelegenheit hatte nutzen wollen, unsere Beziehung auf eine andere Ebene zu bringen. Diese Annahme schien mir nun naiv. Eigentlich hatte sie von Anfang an deutlich gezeigt, dass sie sich vor allem für einen Einblick in ein für sie exotisches Milieu mit kuriosen Charakteren interessierte.

Mein Elan begann zu schwinden. Morgen früh würde Marie zurück nach Leipzig fahren, und das wäre dann unser gemeinsames Wochenende gewesen. Eine verpasste einmalige Gelegenheit. Ich musste etwas tun, um wieder eine Verbindung mit ihr herzustellen, und mir fiel nichts Besseres ein, als ebenfalls viel zu trinken. Ich mischte Wodka mit Red Bull, weil ich wusste, dass mit einer ausreichenden Menge von diesem Getränk im Blut bei mir alles möglich war – im Guten wie im Schlechten. Ich setzte auf Kontrollverlust.

Tatsächlich begann ich mich schon nach dem zweiten Glas viel lebendiger zu fühlen, drängte mich zwischen Martin und Marie, tätschelte ihren Po und zog sie für einen leidenschaftlichen Kuss hinter ein blühendes Gebüsch, wo wir uns mit den Händen gegenseitig in die Hosen fuhren.

Ich glaube, Marie wollte mehr, aber für Sex auf der Gartenparty meines Onkels war ich dann doch nicht betrunken genug.

Wir mischten uns erregt unter die Gäste. Martins Plan, seine Party mit reichlich Crystal Head Vodka auf Hochtouren zu bringen, ging auf.

Im Nachhinein fließen die Einzelheiten ineinander.

Konstant blieb nur Martins Hang, sich unablässig vor Marie und seinen jungen weiblichen Seelenverwandten zu produzieren. Er erzählte vom *Idioten von Beifang.* Der junge Mann war im Krieg in der weiten mongolischen Steppe in ein Erdloch geraten, über das sich ein Russenpanzer gedreht hatte, so dass er sich erst nach Stunden, in denen er lebendig begraben gewesen war, mit bloßen, am Ende blutigen Händen an die Erdoberfläche hatte zurückkratzen können. Danach war er nicht mehr derselbe gewesen. Zurück in Beifang, irrte dieser einst lebenslustige junge Mann an wirklich jedem Tag, gleich ob bei sengender Hitze, Regen oder Schneefall, mit weit über den Knien abgeschnittenen Jeans und freiem Oberkörper im Stechschritt durch die Straßen und umliegenden Bauernschaften. Ich kannte den Marschierer auch. Denn er setzte seine endlosen Gänge noch bis weit in die Neunziger hinein fort – bis in einer verhängnisvollen Nebelnacht ein litauischer Lkw seinen Umtrieben ein Ende machte.

In den Siebzigern, behauptete Martin, sei dieser die meiste Zeit völlig in sich verschlossene Mann plötzlich in einer Beifanger Kneipe aufgetaucht und habe von den Juden erzählt, die im Krieg immer zu den Zügen gebracht worden seien. Daraufhin hätten ihn die angetrunkenen Arbeiter verprügelt und anschließend in eine Sandgrube gesteckt, wo er sein Kriegstrauma brüllend noch einmal habe durchleben dürfen.

Martin genoss die Reaktionen auf diese Geschichte. Er musste annehmen, dass grausame Anekdoten über die

Nazizeit besonders gut ankamen, und behauptete wohl deswegen ohne rechten Zusammenhang, sein Vater habe ihm einmal betrunken und unter Tränen gestanden, in Russland eine Massenerschießung miterlebt zu haben.

»Der hatte vor allem nicht begreifen können, dass die armen Schweine bis zum Schluss gehorcht haben. Die konnten ja sehen, zu was das führt. Die haben sich trotzdem alle brav an den Rand der Grube gestellt und auf den Fangschuss gewartet. Ohne sich zu wehren. Manche haben vielleicht noch vorher ihre Kinder beruhigt. Aber die Kinder waren nicht zu beruhigen. Die haben um sich getreten und gezappelt und überhaupt nicht stillgehalten, so dass immer ein Soldat ein Kind am Schopf hochhalten musste, damit ein anderer vernünftig zielen konnte.«

Martin schaute sich erregt nach allen Seiten um, aber alles, was er zu sehen bekam, waren mehr oder weniger betretene Gesichter.

Eine der beiden Seelenverwandten stellte Martin die naheliegende Frage, was sein Vater in der Nähe einer solchen Erschießung zu suchen gehabt hatte, aber er wusste darauf bloß eine klägliche Antwort: »Der war da eher zufällig vorbeigekommen.«

Marion fragte plötzlich, ob Martin Schmerzmittel genommen habe. Ich meinte zu durchschauen, was Marion mit dieser Frage bezweckte. Martin hatte sich in eine Sackgasse manövriert. Seine Erzählung vom Vater, der womöglich Teilnehmer an einem Kriegsverbrechen gewesen war, ließ ihn so oder so schlecht ausschauen.

Entweder war er ein geschmackloser Lügner oder der Sohn eines Mörders. Marion eröffnete ihm die Möglichkeit zu einem gesichtswahrenden Rückzug. Martin ergriff sie instinktiv.

»Ja, und dann auch noch getrunken. Ich bin völlig von der Rolle. Ich habe vier Bandscheibenvorfälle. Gleichzeitig. So einen Tag überstehe ich nur, wenn ich Oxycodon wie Smarties fresse. Andere hätten sich schon umgebracht. Ehrlich, wüsste ich einen vernünftigen Weg, Schluss zu machen, ich würde es tun.«

»Warum nicht einfach eine Überdosis Schmerzmittel?«, fragte Marie.

Martin starrte sie einen Moment entgeistert an.

»Glaub mir, daran habe ich schon oft gedacht. Aber davon geht man ja nicht sofort drauf. Da legt erst die Leber die Karten, und dann alles andere. Und so ein multiples Organversagen ist ein Höllenritt. Eine schlimmere Art zu sterben gibt es nicht. Man braucht etwas, womit es schnell geht.«

»Ein Zug?«

»Und so ein Lokführerschwein fürs Leben zeichnen? Am besten wäre eine Pistole. Aber woher nehmen?«

»Jetzt rede doch nicht so einen Stuss!«

Marion blickte Martin mit blitzenden Augen an.

»Wie rede ich denn? Keiner kann nachvollziehen, wie es mir geht! Der Ischias ist der größte Nerv im Körper. Bei mir ist der chronisch entzündet. Mein Doktor sagt, solche Schmerzen, wie ich sie habe, hat sonst niemand. Nicht einmal Krebspatienten im Endstadium. Eine Geburt ist dagegen nichts.«

Marie lachte auf. »Was für ein Unsinn!«

Martin blickte erleichtert und lachte mit.

Es ist im Nachhinein schwer nachzuvollziehen, was in mir vorgegangen sein mag. Ich musste wahnsinnig wütend auf Martin gewesen sein. Eine Rolle spielte sicher auch, dass ich, während Martin von Selbstmord faselte, bereits meinen vierten Wodka Red Bull trank. Irgendwie lag es mit einem derart berauschten Gehirn für mich nahe, zu meiner auf einem Stuhl abgelegten Tasche zu gehen, Raffis Pistole herauszunehmen und damit vor Martin zu treten.

»Ich habe eine Lösung für dein Problem.«

Ich legte die Pistole vor ihm auf den Tisch. Martin blickte entgeistert.

»Ja, spinnst du? Was soll denn jetzt der Unsinn?«

»Gehört Raffi. Willst du sie nicht?«

Marie griff nach der Pistole und steckte sie ein.

»Eine Schreckschusspistole«, behauptete sie und begann vergnüglich von etwas ganz anderem zu reden. Sie machte das, soweit ich mich überhaupt erinnere, fantastisch, und einige Minuten darauf war es bereits, als sei überhaupt nichts geschehen. Dennoch nahm sie mich nicht lange darauf an die Hand und erklärte, es sei spät und Zeit für uns zu gehen.

Ich kann mich nicht erinnern, ob ich mich von Martin verabschiedete. Aber ich weiß noch, wie ich neben Marie unter dem schwarzen Nachthimmel trottete und sie mich fragte: »Was ist das für eine Waffe?«

»Ich habe sie von Raffi.«

»Er hat sie dir geschenkt? Warum?«

»Ich habe sie eingesteckt. Er hat sie mir gezeigt und ist aus dem Zimmer gegangen. Ich fand, wenn einer von uns bewaffnet ist, dann besser ich als er.«

»Du hast echt ein Problem. Das weißt du hoffentlich?«

Ich nickte und schwieg.

Im Hotel versuchte ich, mit ihr zu schlafen, aber sie wies mich mit einem bloßen Blick zurück.

Einige Stunden später erwachte ich wie in einer neuen Welt, ohne Bewusstsein, wo ich war oder auch nur davon, ins Bett gegangen zu sein. Marie stand, geduscht und angezogen, im Türrahmen und beobachtete mich. Ich öffnete den Mund, aber sie schüttelte den Kopf, drückte einen Kuss auf ihre Fingerspitzen und ging. Die Pistole lag auf dem Nachttisch.

16.

Ich saß meinem Vater am massiven Esstisch gegenüber und musste die Augen zukneifen, weil die weiß lackierten Oberflächen der Küchenschränke das Licht der tiefen Spätsommersonne in alle Richtungen reflektierten. Mein Vater aß, da meine Mutter mit Freundinnen in Hamburg war, eine getoastete Waffel aus der Tiefkühltruhe mit Bananenscheiben und Apfelkompott zum Abendbrot. Ich bekam noch immer nichts hinunter.

Obwohl er wusste, dass ich am Tag zuvor bei Martin gewesen war, stellte er mir keine Fragen. Wahrscheinlich um ihn zu provozieren, wiederholte ich Martins Vorwurf, Raffi habe damals den Gasofen manipuliert. Er nahm es ohne erkennbare Reaktion zur Kenntnis. Dann erwähnte ich Martins Behauptung, mein Vater, habe sich als Kind von einem Chefarzt adoptieren lassen wollen, worauf er antwortete: »Ich frage mich, woher Martin das wissen will.«

»Stimmt es nicht?«

Mein Vater zuckte mit den Schultern.

»Ich habe im Krankenhaus viel Kuchen bekommen. Das stimmt. An mehr erinnere ich mich nicht.«

Er hörte sich meinen Bericht der widersprüchlichen Spekulationen seiner Geschwister um Winfrieds SS-Mitgliedschaft, seine Beteiligung an Massenerschießungen und seinen Tod an, ohne zu widersprechen oder auch bloß etwas einzuwenden.

Ich konnte diese unterkühlte Reaktion nicht recht deuten. Bald erlahmte mein Erzählfluss, und ich griff nach einer der Wohnmobilzeitungen, die vor uns auf dem Tisch lagen. Darüber belebte sich das Gespräch; wir erörterten die Frage, was mit Blick auf die ihm verbliebene Lebenszeit sinnvoller war: den restlichen Erlös vom Hausverkauf in eines der erstaunlich teuren Campingmobile zu investieren, um auf regelmäßigen Kurztrips endlich die deutsche Landschaft kennenzulernen, oder sich noch vielleicht drei oder vier Fernreisen zu gönnen. Ich wusste, meine Mutter reizte mehr der große Aufbruch, doch ich ahnte, mein Vater würde sich leichter von seinem letzten Geld trennen, wenn er es gegen etwas Handfestes, nicht zuletzt bei den Brüdern Vorzeigbares tauschen konnte. Aber auch dieses Thema war irgendwann erschöpft.

Als wir bereits eine Weile schwiegen, stand mein Vater plötzlich auf. Nach einigen Minuten kam er mit der roten Holzkiste zurück. Ich starrte sie beinahe erschrocken an. Also hatte er sie doch gerettet.

Er öffnete das neue Vorhängeschloss mittels einer Zahlenkombination, entnahm ihr eine Mappe mit Papieren in Klarsichthüllen und blätterte darin, ohne sich zu erklären.

»Was ist das?«

Mein Vater antwortete nicht und schob die Mappe

in meine Richtung. Obenauf lag ein DIN-A4-Blatt, auf das in der Mitte, mit einem Lineal zweifach unterstrichen, *Wehrdienstzeiten* geschriebenen stand. Die Schrift erinnerte sehr an die Schrift meines Vaters. Aber aus dem Umstand, dass das Papier am oberen Rand vergilbt, linksbündig gelocht und mit selbstklebenden Lochverstärkungsringen versehen war und zusätzlich in einer Klarsichthülle steckte, schloss ich, zum ersten Mal überhaupt die Schrift meines Großvaters zu lesen.

In der nächsten Hülle steckte ein undatiertes Schreiben der Versicherungsanstalt in Berlin, auf dem die *Ersatzzeiten* meines Großvaters aufgelistet waren, die mit Militär und Krieg in Zusammenhang standen. Danach war er im April 1937 in den Reichsarbeitsdienst eingetreten, im November 1938 beim Infanterieregiment 110 Soldat geworden, ab März 1939 in Dortmund-Brackel bei der Luftwaffe stationiert gewesen, 1941 in Berlin Adlershof zum Luftzeugmeister ausgebildet und anschließend der 10. Fallschirmjägerdivision Gardelegen zugeteilt worden.

Ich blätterte weiter durch den von Winfried seit November 1974 geführten Schriftverkehr mit dem *Landesamt für Besoldung und Versorgung Nordrhein-Westfalen* in Düsseldorf, mit der mein Großvater um die für seine Rentenhöhe entscheidende nachträgliche Anerkennung und damit Nachversicherung als Berufssoldat gestritten hatte. Letztlich vergeblich. Die Oberfinanzdirektion Düsseldorf wies sein Verlangen schließlich im April 1975 mit der Begründung zurück, dass nach den seinerzeit geltenden gesetzlichen Bestimmungen in der Regel nur zum Berufssoldaten berufen wurde, wer von einem Vorgesetzten mit mindestens der Disziplinarbefugnis eines Bataillonskommandeurs zum Unteroffizier geeignet befunden worden war, was aber bei meinem Großvater offensichtlich nicht der Fall gewesen sein konnte, weil man ihn bei Kriegsende nur zum Obergefreiten befördert hatte.

In einer weiteren Klarsichthülle entdeckte ich eine *Aufstellung meiner Arbeitsplätze seit 1933.* Danach war er bis 1937 Bohrer bei D & I Pumpentechnik in Ahrweiler, von 1945 bis September 1946 Filmvorführer im Kino Metropol in Selm Beifang und vom 24. September 1946 an *Untertage-Arbeiter bei der Zeche Victoria Lünen a.d.L.* gewesen. Ein Kündigungsschreiben der Bergbau AG Dortmund, das sich ebenfalls in den Unterlagen fand, beendete das Arbeitsverhältnis wegen Stilllegung der Werksdirektion Victor-Ickern zum 30.11.1974.

In einer der Klarsichthüllen steckte auch ein schwarzes DIN-A5-Schulheft, in dem bestimmte Seiten mit Büroklammern markiert waren. Ich schlug eine mit *Angaben über Krankfeierzeiten, soweit sie mir noch bekannt sind* auf und las, dass mein Großvater 1954 zwei Monate wegen einer Fußpilzerkrankung und einen Monat wegen einer Kiefervereiterung krankgeschrieben gewesen war. Es folgte im Sommer 1955 ein unglaubliche zwei Monate dauernder Krankenhausaufenthalt aufgrund von Nierensteinen und 1958 eine sogar sich über ein halbes Jahr erstreckende Krankenhauseinweisung wegen Allgemeiner Körperschwäche und einem Zwölffingerdarmgeschwür.

Die nächste Seite in dem Heft war mit *Daten über Arbeitsunfälle, soweit mir noch bekannt* überschrieben und listete einige kleinere Vorfälle und einen größeren Unfall am 24.01.1958 auf, bei dem sich Winfried das Kreuzband gerissen, mehrere Rippen gebrochen, eine Gehirnerschütterung, eine Platzwunde am Hinterkopf und einen *Verrenkungsbruch des 2. Fußgelenks mit Abriss des hinteren Dreiecks* zugezogen hatte. Im ersten Lebensjahr meines Vaters hatte mein Großvater die Wochen vom 24.01. bis zum 19.03. und vom 21.05. bis zum 04.07. im Krankenhaus verbracht.

»Dein Vater muss schwer krank gewesen sein, als du klein warst. Hast du davon was mitbekommen?«

Mein Vater hob die Schultern.

Ich blätterte weiter durch das Heft. Es gab eine, soweit ich das nachvollziehen konnte, vollständige Aufstellung der *Geburtsdaten meiner Kinder* und einige Seiten darauf eine Sammlung der *Adressen von Wichtigkeit*, die seltsamerweise mit dem Buchtitel *Der Schlüssel zur Fotografie von heute* von Andreas Feininger im Econ Verlag begann, eine Reihe von als *Ehrwürden* bezeichneten Geistlichen bis hin zum *Bischof Exzellenz Höffner* von Münster auflistete, die Kindergeldkasse in Ahlen und auch Karl Theodor Freiherr von und zu Guttenberg, Vorsitzender des Christlichen Sozialwerks, und den Bundespräsidenten Heinrich Lübke.

Irgendetwas wollte mir mein Vater, indem er mich diese Unterlagen sehen ließ, mitteilen. Nur was? Ich schaute von dem Heft auf, um dem Blick meines Vaters zu begegnen, den ich auf mir zu ruhen spüren meinte, doch unter meinem rechten Auge zuckte eine Ader, und das Sonnenlicht blendete stark. Ich massierte meine Augen und versuchte, im Stillen einen Satz zu formulieren, nach dem eins selbstverständlich das andere geben würde. Doch statt zu sprechen, rieb ich bloß weiter meine Augen und blätterte, wie auf der Flucht, zu einer Seite, auf der Winfried seine *Kriegsschauplätze* untereinandergeschrieben hatte: 1941 Russland, 1942 Italien, 1942 Balkan (Mostar), 1943 Luxemburg, Frankreich (Paris), 1944 bis 1945 Holland.

»Es ist alles anders.«

»Anders?«

»Als es erzählt wurde. Von Alf. Von euch allen. Er war zuerst in Russland und erst später in Paris.«

»Und?«

Ich schlug die Seite um und las nun von seinen Verwundungen, einem Streifschuss über dem rechten Auge am 18. Dezember 1944 in Arnheim, einem Granatsplittereinschlag am linken Oberschenkel und Hoden am 24. Januar 1945 beim Maasbrückenkopf und einer Verwundung durch Maschinengewehrdurchschuss am linken Oberschenkel am 28. März 1945 in Voorst.

Auch wenn diese Daten und Fakten überhaupt nichts klärten, schien plötzlich alles klar.

»Wie lange hast du diese Sachen schon?«

»Lange. Ich hatte sie mal bei Gunter abgeholt.«

»Hast du sie schon mal irgendwem gezeigt?«

Mein Vater lächelte. Auf eine Weise, die ich so gut kannte. So hatte er gelächelt, wenn ihm beim Kartenspielen ein Bluff gelungen war oder wenn er mich als Kind einen langen Heiligabend in dem Glauben gelassen hatte, mein größter Wunsch werde nicht erfüllt, nur um mich irgendwann, wenn ich schon gar nicht mehr damit rechnen konnte, einmal erst am Nachmittag des ersten Weihnachtstags, mit dem ersehnten Geschenk zu überraschen. Er genoss es, wenn man sich in ihm täuschte, ich wusste nicht, warum.

Ich nahm noch einmal die Mappe in die Hand und entdeckte etwas, was ich übersehen hatte, ein mit *Certificate of Discharge* überschriebenes und mit einem Daumenabdruck meines Großvaters versehenes Blatt im etwas breiteren, dafür weniger langen amerikanischen Format, aus dem hervorging, dass Winfried vom 9. Mai bis zum 12. Juli in demselben Rheinwiesenlager bei Sinzig gefangen gehalten worden war wie auch Olafs Vater. In meinem Kopf war ein wildes Durcheinander.

»Dieses Lager war die Hölle, wusstest du das?«

Mein Vater sah mich an, ein Lächeln spielte um seine Lippen.

»Warum denn nicht?«

»Von deinem Vater?«

Er schüttelte den Kopf und sah mich an, als begriffe ich überhaupt nichts.

»Wissen deine Geschwister, dass er in dem Lager war?«

»Möglich, klar.«

»Du hast ihnen aber hiervon nichts erzählt oder diese Sachen gezeigt.«

»Wozu?«

»Aber …«

Ich zeigte auf die Mappe und versuchte nachzudenken, was aufgrund der Nachwirkungen der letzten Nacht schwierig war, und fragte bloß einfallslos: »Warum sprichst du über all das nicht? Über deinen Vater, deine Kindheit.«

»Ich spreche nicht?«

»Nein.«

»Wie kommst du darauf?«

Ich versuchte ihm zu vermitteln, dass es vor allem an solchen ausweichenden Fragen lag.

Mein Vater sah mich an – verständnislos, wie es schien. Doch nach einer Weile sagte er: »Ich erinnere mich an wenig. An nichts eigentlich. Manchmal kommen so verschwommene Erinnerungen, so Bildfetzen hoch. Aber ich bade nicht darin. Sowas darf man nicht ausbreiten.«

»Aber warum?«

»Man wird nur in Schubladen gesteckt.«

»In welche Schubladen?«

Ich bekam keine Antwort.

Wir schwiegen, und ich dachte, vermutlich wurde mein Vater seit je in Schubladen gesteckt. Von den Nachbarn in der Kolonie, den Lehrern an der Schule, den anderen Schülern. Von allen, für die er das Zimmermann-Balg gewesen war, ein Asozialer aus dem Karnickel-Wurf, den man besser mied, um sich Scherereien zu ersparen.

Er wurde in die Schublade des nichtstudierten Arbeiters bei Rethmann gesteckt, den man immer, trotz seines Potenzials, in den entscheidenden Momenten, wann immer eine Beförderung anstand, wie selbstverständlich übergehen konnte.

Er wurde von meiner Mutter in eine Schublade gesteckt, immer wenn sie sich Eigenarten, die sie an ihm störten, gedankenlos mit der Beschädigung durch seine Herkunft erklärte.

Auch ich steckte ihn in eine Schublade, sooft ich ihn als Opfer seiner Vergangenheit begriff. Es hatte Momente gegeben, gewiss nicht meine besten, in denen ich auf ihn herabgeblickt hatte, weil er sich für mich krumm gemacht und mir über seinen Rücken den Aufstieg in ein Milieu ermöglicht hatte, in dem ich bis heute Erfahrungen machen konnte, die ihm verwehrt bleiben würden.

Mein Vater nahm die Mappe wieder an sich und wollte sie in der Kiste verstauen.

»Kann ich sie haben?«

Er stutzte, dachte nach und legte die Mappe auf den Tisch. Dann schob er die leere Kiste zu mir herüber, ohne dabei aufzuschauen.

Die Sonne ging unter, endlich konnte ich meinen Vater, ohne zu blinzeln, ansehen. Wir saßen uns weiterhin gegenüber und sprachen mehr oder weniger von nichts. Manchmal empfing ich von ihm einen Blick, in dem ich, mit etwas gutem Willen, so etwas wie väterliche Liebe zu erkennen meinte, mit weniger gutem Willen aber bloß gutmütige Indifferenz.

17.

Ich weiß nicht, was ich mir versprach. Aber ich hatte nicht einfach wieder nach Berlin fahren können. Bei der Vorstellung, allein in meiner Wohnung zu sitzen, hatte ich schlecht Luft bekommen.

Marie hatte mir nie erzählt, wo genau sie in Leipzig wohnte. Dennoch kannte ich ihre Adresse seit geraumer Zeit. Ein gemeinsamer Bekannter hatte sie mir gegenüber, als wir auf Maries Ausstellung mit einem Glas Wein nebeneinander gestanden hatten, beiläufig erwähnt.

Ich parkte in der von alten Bäumen gesäumten Straße und atmete durch das offenstehende Seitenfester den schweren Geruch spätsommerlicher Gärten. Auf weitläufigen Grundstücken standen, in großzügigem Abstand zueinander, dreigeschossige großbürgerliche Villen der Vorkriegszeit, die wohl erst in den letzten Jahren saniert worden waren. Maries Anwesen lag am Ende der Straße auf einem Eckgrundstück und war vielleicht noch ein wenig prachtvoller als die anderen. Ich hatte geahnt, dass Marie vermögend sein könnte. Aber damit hatte ich nicht gerechnet.

Ich saß lange ratlos im Wagen, mit dem zunehmend drängender werdenden Bedürfnis, meine Blase zu entleeren. Es war ausgeschlossen, wurde mir klar, dass ich zu dem Grundstück ging, an der Pforte klingelte und darauf wartete, wer mir öffnen mochte. Mein Vorstoß war wirklich nicht durchdacht. Solange ich zu Marie auf dem Weg gewesen war, hatte ich der Schwärze, die mich, seit sie wortlos aus dem Hotelzimmer gegangen war, zu verfinstern drohte, noch einen Hoffnungsschimmer entgegensetzen und mir einbilden können, ich würde den Mut und die Kraft aufbringen, mein Leben zu ändern.

Ich hatte mir etwas vorgemacht. Jetzt blieb mir nichts anderes übrig, als den Motor zu starten und wieder nach Berlin zu fahren, um mich in meiner leeren Wohnung einer Realität zu stellen, die ausweglos geworden war.

Die Stimmen näherten sich in meinem Rücken, so plötzlich, dass es zu spät war, wegzufahren oder sich auch nur zu ducken. Marie war deutlich herauszuhören. Sie hatte einen vielleicht dreijährigen Jungen an der Hand und lief neben ihrem überraschend großen Mann, der einen Kinderwagen schob. Ich hatte ihn bislang nur auf einem Foto des Universitätsklinikums Leipzig gesehen, wo er als Leiter der Poliklinik für Kinderchirurgie umringt von ihn überragenden Assistenten präsentiert wurde, und mir ihn als einen wenigstens kleinen Mann vorgestellt.

Zusammen mit ihrer Familie wirkte Marie wie eine völlig andere Frau. Ich wartete, bis sie am Ende der Straße durch das Gartentor gegangen war, ließ den Motor an, wendete und fuhr davon.

Ich erleichterte mich hinter einem Gestrüpp auf einer Brachfläche, die als Müllabladeplatz missbraucht wurde, und kehrte zum Auto zurück. Durch das Fenster sah ich, dass mein Telefon auf dem Beifahrersitz leuchtete.

Marie hatte vier Mal versucht, mich anzurufen. Ich blickte aus dem Fenster und sah auf der gegenüberliegenden Straßenseite einen Hund, der etwas aus einem Baustellenklo fraß, ein Klopapierfetzen hing an seinen Lefzen. Ich wählte ihre Nummer mit rasendem Herzen. Ihre Stimme sprang mir entgegen: »Was sollte das?«

»Das war nicht überlegt.«

»Das kannst du nicht bringen. No, man! Nicht cool.«

»Ich wusste nicht …«

»Was?«

»Dass du … Wie es ist.«

»Warum nicht?«

»Aber warum dann wir?«

»Was heißt wir? *Uns* gibt es nicht. Du warst ein Freiraum. Das absolute Gegenteil. Flüchtig und ohne Gewicht.«

»Du sprichst von mir wie von einem Gespenst.«

»Wir werden uns nicht mehr sehen.«

Ich wusste nichts zu sagen.

»Das ist dir klar!?«

Ich nickte.

»Sag, dass dir das klar ist.«

»Ja, es ist klar.«

Es herrschte Stille.

»Marie?«

Sie hatte aufgelegt.

18.

Natürlich war das mit der Pistole ein Spiel. Es beschleunigte meinen Herzschlag, mit ihrem Lauf über mein Gesicht zu fahren, kurz meine Lippen um das Metall zu schließen und mir vorzustellen, was ja überhaupt nicht vorstellbar war. Hörte man eigentlich den Knall?

Ich legte den Zeigefinger an den Abzug und griff mit der linken Hand nach dem Glas, roch, noch bevor ich es an den Mund geführt hatte, den Whiskey, und stellte es wieder ab. Selbst das Trinken machte mir inzwischen kaum mehr Spaß.

Wie oft hatte ich gehadert, dass diese Wohnung keinen Ausblick besaß, jedes Fenster ging auf diese nebelartig weiße Wand, die man nicht anschauen konnte, ohne dass sich die innere Leere ausdehnte, bis einem schwindlig wurde. Ich lebte in einem Brutkäfig für alle Formen der Niedergeschlagenheit. Aber Lage und Preis waren unschlagbar: 87 Quadratmeter für 435 Euro inklusive allem am Helmholtzplatz. Man machte ständig Kompromisse und merkte erst im Nachhinein, welcher davon der eine zu viel gewesen war.

Ich entsicherte die Beretta und betrachtete den roten Punkt. Mein Puls klopfte bis in meine Ohren. Ich spürte den Sog. Was hatte ich nicht alles vorgehabt! Nun, es kann einem sicher viel im Leben passieren, aber meistens passiert eben nichts.

Ich trat ans Fenster und blickte auf die Wand, die bei Anbruch der Nacht in einem gestaltlosen Grau verschwamm. Ich dachte daran, wie der kleine Vincent und ich beim Duschen im Haus meiner Eltern in den Abfluss gepinkelt hatten, was ihm so unerhört vorgekommen war, dass er sich aufgeregt mir zugewandt und dabei seinen Urinstrahl gegen mein Bein gerichtet hatte. Wir waren beide in lautes Lachen ausgebrochen.

Ich legte den Sicherungshebel an der Pistole um, umwickelte sie mit einer halben Rolle Küchenpapier, steckte das unförmige Paket in den Müllsack unter der Spüle und ging damit hinunter in den Hof, wo ich ihn in die große Tonne zwischen die Windelbeutel der Nachbarn versenkte. Dann ging ich zurück in meine Wohnung, nahm ein Blatt und schrieb.

Lieber Vincent,

diese Kiste ist alles, was Opa von seinem Vater geerbt hat. Er hat sie mir vor vielen Jahren einmal gezeigt, aber damals hat sie mir nichts bedeutet, erst in letzter Zeit hat sie angefangen, für mich wichtig zu werden, und ihre Leere hat mich – nun ja – etwas gelehrt. Vielleicht ergeht es dir einmal ähnlich. Jedenfalls möchte ich, dass du sie hast.

Ich freue mich über dich, jeden Tag.

Dein

Papa, Vater, Frank?

Pa

19.

Meine Eltern waren sichtlich überrascht, als ich schon wieder bei ihnen auftauchte. Ich hatte das Gefühl, dass ich sie störte. Aber das hätten sie niemals zugegeben. Meine Mutter verfiel sogleich in hektische Fürsorglichkeit, buk Waffeln und fuhr zum Markt, um gesunden Lachs für das Mittagessen einzukaufen, den ich nach ihrer unerschütterlichen Überzeugung viel zu selten zu essen bekam, was überhaupt nicht stimmte, ich aß oft Lachs, vermutlich häufiger, als mir und der Welt guttat. Nur mein Vater erwähnte, während er das Schlafsofa im Sportraum, seinem Rückzugsort, herrichtete, wie beengt die neue Wohnung im Vergleich zum alten Haus doch sei.

Ich war zu meinen Eltern gefahren, weil mein Alleinsein bedenkliche Formen angenommen hatte. Dabei war ich von mir in dieser Hinsicht einiges gewohnt. Ich hatte seit Jahren schon einen eher ungewöhnlichen Drang zum Ausmisten, Aufräumen und Putzen entwickelt, aber bis vor kurzem noch in einem für mich tolerablen Maß. Doch dieser Drang war in letzter Zeit außer Kontrolle geraten. Ich hatte angefangen, jeden Morgen die Bettwäsche abzuziehen, zu waschen, zu bügeln und wieder aufzuziehen, halbvolle Zahnpastatuben auszudrücken, nur um sie durch eine neue, unberührte Tube aus meinem Vorrat ersetzen zu können, und abends schon die Mahlzeiten für den nächsten Tag zu präparieren, Gemüse kleinzuschneiden, Pfannen einzufetten, Kochwasser in Töpfe zu füllen, Reiskörner abzuwiegen und in einer Porzellanschüssel neben dem Herd bereitzustellen. Als ich dann auch noch begonnen hatte, die Bücher in meinen Regalen abwechselnd nach Farben und alphabetisch nach Autorennamen zu sortieren, was mich jeweils mehr als einen Tag gekostet hatte, ohne mich endgültig für eine Methode entscheiden zu können, hatte ich erkannt, dass es Zeit war, wieder unter Menschen zu kommen. Alfs Geburtstag erschien mir als die beste Gelegenheit. Mir war jedenfalls niemand eingefallen, den ich einfach ungefragt hätte besuchen können, außer meinen Eltern.

*

Wir saßen zu fünft vor Alfs Wohnwagen. Auch Mitte September war es noch warm, und mein Vater und Alf hatten sogar kurze Hosen an.

Ein riesiges Wohnmobil, das vorschriftswidrig im Uferbereich parkte, verstellte den Blick auf den See. Alf hatte sich bei der Platzleitung beschwert, aber damit bislang nichts bewirkt.

Wir aßen die Waffeln meiner Mutter und eine Marzipantorte, die Elli bei Edeka zusammen mit zwei Dosen Sprühsahne gekauft hatte. Das Gespräch verlief zäh. Ich hatte das Gefühl, dass meine Anwesenheit die anderen lähmte. Vermutlich fragten sie sich insgeheim, was es bedeutete, dass ich an diesem Geburtstagskuchenessen teilnahm, zu dem mich zwanzig Jahre lang aber auch wirklich rein gar nichts hätte bewegen können.

Mein Vater hatte als Geschenk für Alf eine Blechdose *Quality Street* mitgebracht und drängte Alf, noch während wir Kuchen aßen, sie zu öffnen. Beide machten sich gleich gierig über die Schokoladentoffees her, die für beide, solange ich denken konnte, der Inbegriff von Luxus waren. Alf schaute sich ein in metallic-blaue Folie eingewickeltes Bonbon lange an.

»Weißt du noch, wie Papi manchmal aus der Kneipe kam und die Taschen voller Bonbons hatte? Der hat sie dann einfach so auf den Boden geworfen, und natürlich haben wir uns wie verrückt darauf gestürzt. Aber Papi hat jedem, der sich eins greifen wollte, mit 'nem Stock eins übergebraten. Er hat bestimmt, wer sich bedienen darf und wer nicht. Das hat ihm Spaß gemacht. Jedenfalls, wenn er vorher in der Kneipe war.«

Ich schaute meinen Vater an, der sich weiter eifrig Pralinen in den Mund stopfte.

»Hast du das auch erlebt?«

Mein Vater schüttelte den Kopf.

»Ich finde es schwer zu verstehen, wie jemand angeblich seine Kinder lieben und dann so behandeln kann.«

Alf fuhr sich mit der Hand über das Kinn.

»Man kann die Zeit damals aus heutiger Sicht eben nicht mehr nachvollziehen.«

Ich nickte, wenig überzeugt. Ich hätte das Thema auf sich beruhen lassen, doch plötzlich sagte mein Vater: »Wenn man als Kind von jemand, den man vielleicht liebt oder jedenfalls lieben will, geschlagen wird, dann ist das unbegreiflich. Man hat keine Worte dafür. Für diese Erfahrung.«

Wir alle schauten meinen Vater fassungslos an, der ungerührt, wie in sich versunken, weitersprach.

»Man tut so, als machte es einem nichts aus. Man ist stolz darauf, was man ertragen kann. Man gibt damit an. Aber eigentlich macht es einem ganz schön viel aus. Nur vergisst man das irgendwann. Man kommt nicht mehr an die Erfahrung heran. Dazu bräuchte man wohl so etwas wie einen Seelenklempner. Aber wer weiß, was der noch alles heraufholt. Vielleicht hört das dann gar nicht mehr auf. Dabei hat man ja auch so seinen Frieden gemacht.«

Alle am Tisch, glaube ich, ahnten, was soeben geschehen war. Aber keiner wollte sich dem stellen. Alf und Elli senkten den Blick, und die Augen meiner Mutter flatterten wild nach allen Seiten, wie um irgendwo äußeren Halt in einem inneren Aufruhr zu finden.

Ich schwieg ebenfalls. Ich wusste, mein Vater hatte sein Innerstes nach außen gekehrt. Darauf hatte ich lange gewartet. Aber was konnte ich dazu sagen? Alles, was ich mir zu sagen vorstellen konnte, hätte ausgesprochen falsch geklungen.

Es war meine Mutter, die schließlich das ihr sicherlich unerträgliche Schweigen brach.

»Es wird einem da auch viel eingeredet. Alle haben irgendwelche Dinge durchgemacht. Damit muss man eben fertig werden.«

Elli nickte eifrig: »Auch mein Vater hat zugehauen. Das war einfach normal.«

»Ja, es war einfach eine andere Zeit«, wiederholte sich Alf.

Mein Vater und ich sahen uns an, und jedenfalls in meiner Einbildung waren wir uns in diesem Augenblick auch ohne Worte einig. Wir beide wussten, dass es anders war.

Dann ging es mit dem unverfänglichen Daherreden weiter. Mein Vater und Alf sprachen über Wohnmobile und Wohnwagen, und Elli und meine Mutter darüber, ob ein Urlaub im Camper für die Hausfrau eigentlich eine Zumutung war. Ich hörte gleichmütig zu und spürte mein Telefon in der Hosentasche vibrieren. Ich stand auf und ging in Richtung Waschhaus. Auf dem Weg dorthin kam ich an einem Mülleimer vorbei, in dem das gelbrote Flatterband entsorgt worden war, das bei meinem letzten Besuch vor den Eichenprozessionsspinnern gewarnt hatte.

Es gab eine Nachricht von Vincent: Ein Foto von der roten Kiste, in der ein gerahmtes Bild stand. Ich zoomte näher heran und erkannte, dass es sich um eine Aufnahme handelte, die der Wirt unserer Pension auf Kefalonia frühmorgens von uns beiden aus vierzig, fünfzig Meter Entfernung gemacht hatte. Vincent stand darauf als kleiner Junge im ersten Sonnenlicht am Strand und sah zu, wie ich, umgeben von sieben konzentrischen Kreisen, im ultramarinblauen Ionischen Meer schwamm.

Das Telefon vibrierte erneut, und jetzt kam auch ein Text an: *Kiste angekommen STOPP Feeling it STOPP Always V*

Ich kehrte mit riesigem Appetit zurück an den Geburtstagstisch, nahm mir zwei Waffeln, sprühte eine ordentliche Schicht Sahne zwischen sie und schlang sie hinunter, es war köstlich. Auch wenn man vor dem Wohnwagen nicht gerade in freier Natur saß, die Nachbarwohnwagen standen doch ziemlich nahe, gab es einen Ausblick in den Himmel zwischen Baumkronen, und der Wind strich einem über das Gesicht. Es fiel mir nun leichter, mich an den Gesprächen zu beteiligen, und ich fühlte mich den anderen auf selbstverständliche Weise nahe.

Plötzlich wurde das Wohnmobil gestartet und setzte sich in Bewegung zu einem Stellplatz zwischen anderen Wohnmobilen. Damit war die Aussicht frei. Ich sah einige Gänse in einem V über den See hinwegziehen, und der Himmel war von einem tiefen prächtigen Blau. Der Geruch eines Holzfeuers stieg mir in die Nase.

Ein junger Mann kam zu uns an den Tisch und sah Alf staunend an.

»Sind Sie nicht Herr Zimmermann, aus der Harkortstraße, der Papa von Willem?«

»Ich bin der Opa.«

»Ja, Wahnsinn. Wie klein die Welt ist. Sie erinnern sich bestimmt nicht. Aber ich habe früher bei Ihnen in der Nähe gewohnt. Wir haben als Kinder solche Angst vor Ihnen gehabt. Mann, das war was.«

Als der Mann gegangen war, meinte Alf: »Der war früher so ein richtig fieser kleiner Arsch. Der hat Willem mit ein paar Kumpels immer auf dem Weg zur Schule aufgelauert. Willem hat deswegen angefangen, große Umwege zu machen und zu spät zur Schule zu kommen. Ein Lehrer sprach mich beim Einkaufen darauf an. Ich habe Niki erst gar nichts gesagt und es mit Willem ausgemacht. Ich habe ihm gesagt, er soll auf seinem üblichen Weg gehen, aber ich folgte ihm mit ein wenig Abstand. Als die kleinen Drecksäcke auf ihn los sind, hab ich sie mir vorgeknöpft. Ich habe mir gedacht, das hört hier und jetzt auf. Ein für alle Mal. Mir war es scheißegal, ob ich ins Gefängnis muss oder was.«

»Und?«

»Willem hatte nie wieder Ärger mit irgendwem.«

»Was hast du gemacht?«

»Er hat ihnen links und rechts eine verpasst, so richtig mit Schmackes, und gesagt, dass er ihnen den Bauch aufreißt und sie mit ihren vollgeschissenen Därmen erwürgt, wenn sie Willem noch einmal zu nahe kommen.«

Elli lächelte Alf stolz an.

»Wie alt waren sie?«

Alf schaute Elli an. »Sechs, sieben, vielleicht auch acht?«

»Wenn überhaupt.«

Elli schmunzelte, und Alf brach in sein heulendes Lachen aus, in das mein Vater und ich einfielen.

20.

Ich hatte die Nacht durchgemacht, um ein Skript zu überarbeiten, mit dem am Mittag an einem Strand irgendwo in Thailand gedreht werden sollte. Am frühen Morgen ging ich spazieren, hörte den Wind an Häuserecken vorbeistreichen und sah den blassen Mond am schon hellen Himmel stehen. Bei der Rückkehr leerte ich endlich wieder einmal den Postkasten und fand zwischen Werbesendungen ihren Brief. Ich trug ihn hoch in meine Wohnung und las am Küchentisch.

Lieber Herr Zimmermann,

endlich komme ich dazu, auf Ihren Brief zu antworten. Natürlich war es mir recht, dass Ihre Tante meine Adresse an Sie weitergegeben hat. Seien Sie unbesorgt.

Ich erinnere mich sehr gut an Ihren Großvater. Ja, es ist wahr, dass ich im Zimmer war, als er starb. Ich war damals in einem fürchterlichen Zustand. Mein Verlobter hatte mich verlassen, und ich sah buchstäblich nur noch schwarz. Nichts anderes. Eine allumfassende Dunkelheit, die auch meine Zukunft zu verschlucken drohte. Natürlich ist Selbstmord töricht, und ich habe mich oft gefragt, wie konnte ich bloß so verblendet sein?

So dumm und kurzsichtig? Aber dann halte ich mir vor Augen, was die Verzweiflung, echte Verzweiflung, mit einem macht. Der Tod erscheint einem an diesem dunklen Ort hell und verlockend. Darüber spricht kaum jemand. Selbstmord gilt als schwach und unanständig, als etwas, das man einfach nicht macht. Aber ich weiß eben, dass es so einfach nicht ist.

Ich war damals, als ich mich umzubringen versuchte, zwar jung, aber eben auch überzeugt, mein Leben läge hinter mir. Man kann das naiv und ahnungslos nennen. Aber heute, als beinahe alte Frau, und gegenüber Ihnen, den ich nicht kenne, aber wegen Ihres Großvaters ein wenig zu kennen meine, kann ich auch zugeben: Ganz unrecht hatte ich damals nicht. Ich war nie wieder so glücklich, wie ich es als junge dumme verliebte Verlobte an der Seite eines grausamen wundervollen Mannes gewesen bin. Und so manches, was später kam, hätte ich auch nicht unbedingt durchmachen müssen.

Bestimmt wollen Sie das alles gar nicht hören. Sie fragen unschuldig nach Ihrem Großvater – und lesen nun die Lebensbeichte einer Ihnen ganz unbekannten und wohl auch gleichgültigen alten Frau. Ich nutze diese Gelegenheit eben aus. Und irgendwie bilde ich mir ein, Sie hätten für mich ein offenes Ohr, vielleicht, weil auch Ihr Großvater ein offenes Ohr für mich hatte, damals, als er schon im Sterben lag.

Aber das ahnte ich ehrlich gesagt nicht. Ich war ja viel zu sehr in meinen eigenen Zustand verstrickt. Und Ihr Großvater schien gar nicht so krank. Denn normalerweise haben Schwerkranke nur noch Interesse an sich selbst, an ihrem Leid, ihren

Schmerzen. Aber Ihr Großvater war ganz anders. Er war rührend um mich besorgt. Hat mich gefragt und alles wissen wollen. Sein Interesse für mich, seine Fürsorge, hat mir ein furchtbar schlechtes Gewissen gemacht, weil ich mein Leben hatte wegwerfen wollen. Gegenüber ihm hatte ich ein schlechtes Gewissen, nicht gegenüber meinen eigenen Eltern. Was sagt Ihnen das? Na, wahrscheinlich nichts, Sie kannten sie ja nicht.

Ihr Großvater war aber nicht nur besorgt um mich. Er war überhaupt ein Gentleman. Fragte immer die Schwestern, wie es ihnen geht und ob er helfen kann. Er war bei einigen auch schon von früheren Krankenhausaufenthalten bekannt. Da hatte er wohl immer geholfen, das Essen auszutragen und Verbände zu wechseln. Er wollte das noch immer gerne machen. Aber das ging ja mit seinen Verletzungen nicht. Er hat sich nie beklagt. War geduldig und für die Pflege der Schwestern dankbar. Er hat von seinen Kindern geschwärmt. Sie waren sein Ein und Alles, das spürte man.

Ich schreibe das alles, um Ihnen begreiflich zu machen, wie überrascht, nein entsetzt ich war, als Folgendes geschah. Als wir da in der Nacht auf der Intensivstation zusammenlagen, verzog Ihr Großvater mit einem Mal so das Gesicht. Er hatte wohl, trotz des Morphiums, fürchterliche Schmerzen. Plötzlich rief er »Jetzt« und warf die Decke von sich. Im nächsten Augenblick wankte er, den Rücken brutal nach hinten gekrümmt, mit furchtbar ungelenken Bewegungen ans Fenster. Es schien, als sei eine fremde Macht in ihn gefahren. Er bewegte sich steif und eckig und unbeirrbar. Seine Augen waren ganz weit. Ich war wie erstarrt. Ich dachte, er wird jetzt sterben. Er sah mit so wild flackernden Augen umher, krallte die Hände ans Fensterbrett und brüllte die Namen seiner Kinder. Isi, Hilde, Gunter, Hanne, Alfred, Silke, Otto, Martin, Kalle, Sandra, Rafael, Tini. Er rief sie immer wieder. Ich habe es bis heute im Ohr. Er rief die Namen seiner Kinder, als wollte er sie alle zu sich rufen. Aber keines kam.

Haben Sie eigentlich auch Familie?

Ich ließ das Blatt sinken. Mein Blick verlor sich im Nebel der leeren Wand. Ich stand auf und öffnete das Fenster. Unten im asphaltierten Hof, zwischen Fahrradleichen und Rattenködern, spielten Kinder. Sie lachten, tobten und kickten einen Saftkarton umher. Nichts, was ich sah, war von jener ins Auge fallenden Schönheit, nach der ich früher gesucht hatte. Alles war anders. Der Himmel dicht bewölkt. Doch das graue Licht wirkte kräftig, und in der kühlen Luft lag der Geruch des nahen Herbsts.